|刘哲作品|

轻罪治理 50讲

刘哲 著

清华大学出版社
北京

本书封面贴有清华大学出版社防伪标签，无标签者不得销售。
版权所有，侵权必究。举报：010-62782989，beiqinquan@tup.tsinghua.edu.cn。

图书在版编目（CIP）数据

轻罪治理 50 讲 / 刘哲著 . —北京：清华大学出版社，2024.1（2024.6 重印）
（刘哲作品）
ISBN 978-7-302-64932-8

Ⅰ.①轻⋯　Ⅱ.①刘⋯　Ⅲ.①刑罚－研究－中国　Ⅳ.① D924.134

中国国家版本馆 CIP 数据核字 (2023) 第 225904 号

责任编辑：刘　晶
封面设计：徐　超
版式设计：方加青
责任校对：王荣静
责任印制：丛怀宇

出版发行：清华大学出版社
　　　　　网　　址：https://www.tup.com.cn，https://www.wqxuetang.com
　　　　　地　　址：北京清华大学学研大厦 A 座　　邮　　编：100084
　　　　　社 总 机：010-83470000　　　　　　　　邮　　购：010-62786544
　　　　　投稿与读者服务：010-62776969，c-service@tup.tsinghua.edu.cn
　　　　　质 量 反 馈：010-62772015，zhiliang@tup.tsinghua.edu.cn
印 装 者：三河市东方印刷有限公司
经　　销：全国新华书店
开　　本：170mm×240mm　　印　　张：12.75　　字　　数：203 千字
版　　次：2024 年 1 月第 1 版　　印　　次：2024 年 6 月第 2 次印刷
定　　价：79.80 元

产品编号：101871-01

作者简介

刘哲，北京市人民检察院首批入额检察官。2021年入选全国检察机关普通犯罪检察人才库；入选最高人民检察院首批"检察实务专家进校园"师资名录；办理山西溃坝案；设计并组织研发刑事公诉出庭能力培养平台。起草《北京市人民检察院关于公诉案件起诉书制作的规范意见（试行）》，被最高人民检察院全文转发；组织设计的捕诉一体和认罪认罚版审查报告模板被最高人民检察院推广，纳入统一办案系统2.0文书模板库；撰写的出庭意见书获评2022年度全国检察机关刑事检察优秀释法说理法律文书。受邀在全国检察机关第十期、第十一期优秀公诉人高级研修班，全军检察机关公诉工作会议暨新修改《刑诉法》培训班，全国公安机关打击药品安全犯罪专题培训班，河北、山西、江苏、广东、海南等省级检察机关，中国人民大学、中国政法大学等高校围绕刑事检察相关内容授课。

著有《检察再出发》《你办的不是案子，而是别人的人生》《法治无禁区》《司法观》《法律职业的选择》《司法的趋势》《司法的长期主义》《认罪认罚50讲》《正义感》《司法与责任》《司法观·日知录》《法律人的同理心》。

序　言

轻罪为什么要治理？

为什么要专门讲"轻罪"治理，而不是"犯罪"治理？

首先，轻罪案件已经占到全部案件的 80%～90%，也就是说轻罪的数量占了全部犯罪的大头，治理了轻罪，也就治理了犯罪的基本盘。

其次，相对于重罪案件来说，轻罪案件更容易找到规律，因为很多轻罪都是法定犯，往往有一些社会的、经济的、机制的、环境的背景和规律，找到了规律就更加容易治理。而重罪案件往往是极端恶性犯罪，它们具有偶发性，呈现点状分布，不容易总结出规律，因此也就不容易进行治理。比如，如何预防杀人犯罪发生？恐怕就比较难给出具体的答案。但是对于预防"超市盗"，就更容易总结出人防和技防的规律和方法。

再次，轻罪案件既有个体性的原因，也有社会性的原因。发现并治理了社会性的原因就相当于治理了犯罪的源头，就实现了诉源治理，也就是让本不应该发生的犯罪可以不再发生。比如"超市盗"中包含了科技手段应用所带来的道德风险问题，如果进一步提升技术手段，实现漏扫自动提示以至无法漏扫，就可以实现科技背景下的他律，从而实现"不能偷"的效果，进而促进"不想偷"的道德自律。

最后，轻罪处于犯罪的边缘，对轻罪犯罪人而言，拉一把他就上来，推一把他就下去。而且轻罪覆盖面大，每年一百万犯罪，九十万轻罪，如果可以消减一部分，那就是几万人和几十万人的人生。再加上目前的前科消灭制度缺失，犯罪附随后果沉重，其负面效应不仅加诸犯罪人本人，还会对其子女带来严重的消极影响。如果可以治理掉一部分轻罪，那么即使在犯罪附随效果不能马上消除的情况下，也可以最大限度地减少刑罚的负面效应。对于社会、对于个人而言其实是双赢。

在我国当前的犯罪结构中，不仅仅是轻罪比例高，而且案情往往比较简单，这种案件结构就启示我们在轻罪治理上可以从两个方面发力。

1. 治理

我们要深刻地理解"最好的刑事政策就是社会政策"的本质含义。

犯罪并不仅仅是个人的事，更不是个人承担责任了事，对轻罪而言尤其是如此。这就是为什么特别探讨轻罪治理的原因。

伴随着法定犯类型的增加，以及科技发展带来的一系列道德风险，在某些领域呈现了他律缺失的现象。

这就像红绿灯坏了的街道临时产生的拥堵一样，并非大家道德水准下降，而是长期对他律的依赖突然缺失之后产生的不适应，以及由此导致的临时失序。

更深层次来说，人是有弱点的，只有一部分人自律性很强，还有一部分人的自律性较弱，即对他律的依赖程度较高。

一旦他律缺失，自律性较弱的人就可能率先挑战既有秩序，成为找漏洞、钻空子、加塞儿、占小便宜、损人利己的人，而这些行为严重到一定程度，刚好与特定犯罪的构成要件相吻合，这些人和这些行为就可能触及刑律。

我们都知道，光惩罚这些人是不能解决根本问题的，当务之急是恢复外在的约束机制，修复失去的他律机制，比如先修理好红绿灯。

当然，社会上的问题显然比红绿灯要复杂，有可能不是简单的"坏了"，而是创造了一种新的模式和新的业态，以往的他律机制不管用了，需要一些与之配套的，更加高级的、现代化的他律机制。

因此，我们的治理就不是简单地惩罚犯罪或者不惩罚犯罪，而是要尽快找到那些坏掉的或者本应安装但没有安装的红绿灯，尽快将他律机制建立起来。

社会之所以需要法治就是因为光靠人的自律是不够的，光靠人的管理也管理不过来，而是需要制度化的、自动化的管理机制，让人明确预期，又能够让人时时感受到他律的约束，让人有一种秩序感，从而才会实现行为的自我校正。

也就是说，我们需要用他律来强化人们心中的道德律令，所谓的道德律令并非人们自己的想象，而是一种外在的真实，是他律机制在人们心中的投影。

那么，我们在办理轻罪案件的时候，就不仅仅是对个案的处断了，还需要基于个案联想到类案，通过类案总结案发的规律，通过规律洞悉案件背后的社会性原因，根据个别的社会原因开出社会治理的药方，从而实现标本兼治。

治理轻罪的过程，也是进行社会治理的过程，因为犯罪一定是社会治理中最严重的一种病灶，司法机关通过对这种病灶进行有针对性的治疗，就可以实现社会的整体健康。或者说通过轻罪治理对社会进行定期体检，从而对社会发展规划、运行、管理提出系统的优化方案，实现更高水平的社会治理，促进社会的精治、共治、法治。

2. 治罪

治罪要从两头说。一头是对不断扩大的犯罪圈范围，需要进行动态调节。

现在的犯罪圈一直在扩大，也就是罪名总是在增加，极少见到有减少的时候。入罪标准也是降低的时候多，抬高的时候少。

总体来看就是犯罪圈越来越大，有的时候甚至压缩了行政处罚的空间，违法行为一步入刑。

有些法定犯缺少入罪标准，如果按照刑法规定机械入刑，那么行政处罚就完全没有空间了，这显然也违反了刑罚的谦抑性原则。

因此，笔者建议治罪标准应该根据社会形势的变化进行动态调整：对罪名增减同步考虑，实现有增有减；对入罪标准实现有升有降，避免刑罚万能论；对刑罚所产生的负面效应，比如刑罚附随后果要予以高度的警惕，最大限度避免株连。

另一头是对于公众深恶痛绝的一些带有侵扰性、侮辱性、暴力性的犯罪，应该保持从严打击的高压态势，避免这些犯罪升级到更加严重的程度，增加公众的安全感。比如公安机关的"夏季专项行动"就可以发挥比较好的震慑效果，也是在给潜在的犯罪分子传递明确的警示信号。这某种意义上也是一种他律力量。

轻罪治理已经远远不是一个司法问题，而是社会治理不可分割的组成部分。

轻罪治理不是立足于个案的，而是立足于整体的；不是立足于当下的，而是立足于长远的；不是只关注于表面，而是更加追求实质地解决问题，是一种系统化的法治思维。轻罪治理是司法现代化的一种体现，也必将助力中国式现代化的实现。

2023 年秋
于北京西直门

目　录

第一章　刑事政策 / 001

犯罪和治理 / 002

个案查处与综合治理 / 009

轻罪治理不是只用较轻的刑事手段就行 / 013

政策和法律怎么把握？/ 016

宽是主流？严是主流？/ 020

犯罪能不能被消灭？/ 023

刑事政策的连续性 / 028

刑事政策的调整 / 031

第二章　治罪问题 / 035

轻罪如何严治？/ 036

暴力犯罪的羞辱性 / 039

犯罪黑数 / 042

警惕收押反制羁押 / 044

从实际出发 / 048

判实刑就一定要羁押？/ 053

凭什么不羁押不收案？/ 056

送案还需送人？/ 060

续保与续押 / 064
取保期限与诉讼期限 / 067
刑事政策与行政政策 / 070
换保的意义？/ 073

第三章　治理问题 / 077

检察建议是社会治理的杠杆 / 078
司法与城市治理 / 080
诉源治理与溯源治理 / 085
治理"黑色金融体系"与治理犯罪 / 087
从地理的维度发现监督和治理线索 / 091
轻罪治理电子地图的应用前景 / 094
小案与小事 / 100
很多小案根本没有存在的必要 / 104

第四章　类案研究 / 111

打通代驾的"最后一公里" / 112
如何确保代驾泊车到位？/ 115
超市盗，商超是否有责任？/ 118
漏扫率与超市盗 / 122
自助结账盗窃需要治标更要治本 / 125
漏扫盗窃与夹带盗窃是否具有同质性？/ 127
是谁打开了"超市盗"的潘多拉魔盒？/ 130
超市盗的衍生犯罪治理 / 135
为什么超市盗增多，自助收银机却有增无减？/ 138
关系之骗 / 141
情感之骗 / 144

第五章　去标签化 / 147

法定不捕后也应允许制发检察意见书 / 148
轻罪前科消灭与犯罪记录封存 / 151
废除前科的"株连"效应 / 156
抓住犯罪人的软肋？ / 158
为什么有人会认为"株连"合理？ / 162
犯罪人的孩子就是坏孩子吗？ / 167
所谓黑钱供养 / 171
为什么要关注前科株连？ / 175
"斩草除根"：株连说的社会心理 / 178
反对刑罚万能论 / 182
刑罚并不是一棒子打死 / 186

后记 / 189

第一章 刑事政策

犯罪和治理

治理的大意是通过采取措施实现最终的理想目标，它是一个动态的、多维度的概念，是一种综合性的操作模式。比如，评价一个地区治理得井井有条。

但是有些人认为犯罪具有偶然性，也有犯罪学家提出了犯罪饱和理论，也就是说犯罪在社会上有一个相对稳定的系数。

这也就是说，一个社会不管治理得多好，都会有犯罪发生。犯罪是不可能通过治理消灭的。

总会有人盗窃，总会有人杀人，而且有些人犯罪的原因非常具有偶然性。即使他们有很体面的工作，过着优渥的生活，也还是会因为感情、琐事和别人产生矛盾纠纷。很多时候，社会治理的手段对这些内在的冲突无济于事。

就像危险驾驶一样，不管怎么查，总还是有一定比例的人酒后把持不住，一定要自己开车。

酒后不能有效控制自己行为的人总是有一定的比例，无关乎职业、身份、开什么车、喝什么酒。在传统观念里，对于犯罪，好像只有打击一条路，只要打击的力度大到一定的程度，犯罪数量就能够下降，其他措施好像没有多少意义。

从刑法的功能上讲，可以通过刑罚来实现特别预防和社会预防，进一步还可以运用捕、诉手段体现对刑事政策的动态把握，体现宽严相济，实现三个效果的有机统一。

但这仍然是司法行为，只是对打击力度的把握有所区别，很难将这种对打击力度的拿捏称为治理。

治理还是需要一些综合的社会政策的参与的，以体现"最好的社会政策就是最好的刑事政策"的理念。

但是长久以来，与犯罪有关的社会政策很少被认真地考虑，我们很少考虑诉源治理的问题。

我不太相信真的能把犯罪源头消灭掉，司法机关对社会政策的动员能力也非常有限。实践中，司法机关经常作为一种社会政策工具，配合实施一些社会性治理措施。

从这个角度看，司法有一种工具性的倾向。

比如，某一领域行政管理措施失灵，就会让司法机关上，有些时候也不太管是否有相应的法律依据。

有些甚至是行政机关应该管而没有及时管或者没管好的领域，就用刑法来惩罚，也不考虑一下这些行为是否有刑事可罚性，以及行政机关应当承担的责任。

在有些情况下，司法机关更像是被招呼过来的角色，但它很少招呼得动别的机关。比如检察院，虽然可以发出检察建议，但这些建议是否能够有效落实是非常具有不确定性的。

还有一个不能忽略的背景，那就是很多犯罪都是有社会性原因的。

尤其是近些年来新增的法定犯，这些法定犯涉及的行为之前就是民事违法行为或者行政违法行为，因为法律修改了，这些行为突然之间就成了犯罪了，行为人就要承担刑事责任了。

这里就有可能将刑罚当作行政处罚的延伸了，也就是将刑事司法行政化了。

这是一种单向度的思维方式，把刑罚当作行政处罚的加强版，以为严厉程度升级就能够解决问题。

其实不然，法定犯的产生往往也有社会性的原因。这一点，我们经常忽略。

比如一些山区，原来爆炸物犯罪特别多，怎么打击都不行。这是因为这些山区产煤，小煤窑特别多，非常不正规，连开采许可证都没有，更不要说持有、使用或者出售爆炸物的许可证了。但挖煤是一定要用爆炸物的，这就有了强烈的市场需求。

所以就有人倒卖爆炸物：有的是合法制造，但是不合法流转；有的干脆就是非法制造的。再加上制造爆炸物的原料又很常见，就是一些化肥，只是需要特定的配比，因此土炸药特别多。

土炸药不稳定，经常在制造的时候就爆炸了，因此往往在制造爆炸物的过程中意外发生爆炸的时候才案发。或者小煤窑炸死人了才案发，在调查非法采矿的时候，才会追查到非法爆炸物的犯罪。

这些地区，在非法小煤窑没有彻底关闭的时候，爆炸物犯罪和非法采矿类犯罪就屡禁不止。同时伴生有恶性的交通肇事犯罪，就是由于拉煤的司机疲劳驾驶或者拉煤的车超载而引发的重大交通事故。这些车是给非法小煤窑拉煤的，因此突击运输、超载运输、半夜运输是非常常见的，这也直接诱发了交通肇事案件。

这些犯罪就不是简单靠刑罚能够打击的。

最终，还是因为这些地区对煤矿的彻底关闭和当地产业结构的调整，才使得这类犯罪逐渐减少，直至消失。

这就是犯罪的产业链效应：只有斩断产业链的源头才能真正实现诉源治理。

再比如盗窃犯罪，以前偷钱包的挺多的，还有偷自行车的。现在还有偷自行车的吗？基本没有了。

共享单车刚出现的时候，还有偷共享单车的，也有毁坏共享单车的。这个过程中也有一些打击，但是打击的力度并没有那么大，因为打击的成本太高了。

再加上这些偷来的共享单车也没地方卖，没人买，也不需要买，因为到处都是，而且费用也不高。

是共享单车的极大丰富，使人们使用自行车的模式发生了变化：从购买才能使用，到扫码就能使用。也可以说，是共享经济对生活方式的变革性影响，最终消灭了自行车盗窃犯罪。

偷钱包也是一样的，因为钱包里没有现金了，也就没有必要偷了。

卖菜的、乞讨的……干什么的都使用二维码收款了。我现在一年到头都用不了两百块的现金，很多人身上甚至根本就没有现金。

在这种情况下，像偷钱包这种直接的盗窃就失去"意义"了。

这也是盗窃犯罪作为"第一大罪"最终让位给危险驾驶罪的原因。

如今，盗窃现金在客观上变得几乎不可能，因此盗窃的传统形态也必然发生改变。其中有一种盗窃形态急剧扩张，那就是在超市自助结账时以漏扫的方式进行盗窃。

这种盗窃方式与传统的盗窃方式有很大的不同，它不是简单地把别人的东西放在自己兜里,而是一种间接的盗窃方式。一般是买了一些东西,在自助结账时故意漏扫几件。

最开始时行为人可能就是无意的,但是发现也没有人察觉,就以为这种事好像也没人管,也就是存在监管漏洞。很多次漏扫后最终被抓住,才发现其实商超都是有摄像头的,只是这些人觉得可能也没有人盯着看而已。

超市这种自助购物、自助结账的形式,就使得它比商场要容易被盗。

因为超市的购物方式就是让顾客可以自行接触商品,无须经过服务员的手,这本身就存在风险。

事实上,的确有很多人通过夹带等方式在超市进行盗窃。而且超市的服务员要比商场少得多,监管的力度自然就会减弱。

但也正是通过这种减弱的、似乎冒险的方式,让顾客得到更加放松的购物体验,所以才会卖出更多商品。

所以商家即使算上丢货的损失,最终也还是发现超市这种模式更划算。而且它极大地减少了销售人员的数量,也极大地降低了人力成本。

因此,可以说买的永远没有卖的精,也可以说偷的永远没有卖的精。

偷能偷多少啊?很多贵重的东西还是有专人看管和单独结算的。那些没人看管的商品相对来说价值就比较低。

还有很多食品就是供顾客免费品尝的,一开始的时候,会发现有的人真是可劲儿吃,但是慢慢的吃的人就没那么多了。他们是想买了之后再尝,或者根本就不尝,因为怕被别人笑话。

占小便宜是会被其他人耻笑的,这种不断被新的商业业态培养起来的羞耻心,反而成为商家最好的防御武器。

一般情况下,在这种氛围中,只要品尝了,大概率都是要买一些的,这样,商家反而通过一些小的让利获得了收益的最大化。

据说广州白云宾馆刚开业的时候,很多人都很好奇,都去里面上厕所,厕所里的手纸很快被用光了。但是宾馆没有因此拒绝市民参观并使用厕所,也没有吝啬手纸的供应,反而通过保障手纸供应,让这种好奇和尝试成为最好的广告。

商家知道有舍有得的道理,比如在售卖新鲜果品的地方,都是允许品尝的。吃几粒葡萄或者几瓣小橘子,那不可能叫偷,那叫尝一尝。会做生意的老板会鼓励你尝一尝，即使看出来你不是真的要买，也不会说你是小偷。因为只要你一尝，就会有别人跟着尝，就会带来生意，这是最基本的从众心理。所以最大的收益还是归属于商家。

有些时候的"品尝"就是未经商家允许的，但只要不过分，商家一般都不会制止。这种占小便宜的"小偷小摸"只要有利于商家，商家一般就不会制止，更不可能将这种行为犯罪化。

这也是为什么传统的盗窃犯罪一定要一个数额的标准。因为即使在经济水平不发达的情况下，也不会把所有的偷都上升为盗窃犯罪。

比如，我们不太可能把因为饥饿而偷吃东西的行为上升到犯罪的程度；只要不是抢，在以往也不会当作犯罪处理。

但是自从多次盗窃可以入罪，没有数额标准之后就出现了问题。这实际上是把多次小偷小摸的行为认定为犯罪。

但是偷与偷还是存在本质差别的。

传统意义上的偷，只是通过秘密的方式改变占有，它要有一个过程。

比如在商场中的偷，一定会有一个绕开服务员监管视线的过程。因为一般来说，行为人不能直接占有商品，接触并非法占有商品必须有一个侵犯性的动作。

这种侵犯性的动作的组合也就是偷的过程，是人们非常担心的，因为人们害怕被贼惦记的感觉，好像总有第三只手在伸向自己。

商场可以通过服务员这个人墙，将顾客挡在商品之前，不管顾客想要什么商品，都要跟服务员说，服务员才能拿给顾客看看，而且看这个过程也始终在服务员的注视范围。

某种意义上，服务员会像防贼那样防着顾客，这会给人一种不舒服的感觉，影响了购买欲望，但确保了商品安全。

安全是有了，但是销售成本提高了。超市就是在降低销售成本，无人购物通道就是将销售成本进一步降低。

当然，销售成本的降低必然是以风险的提高为代价的。

超市就是让顾客像在自己家一样尽情选购，无人购物通道更是全凭自觉进行自主结算。

这样让人放松的环境必然会激发人性中占便宜的心理。

少扫一颗菜，与在菜市场上称完之后再添一根黄瓜，有时候也是异曲同工的效果。

当然了，再添一根黄瓜是当着人家的面添的，少刷一颗菜是没有人看见的。后者这种拿又与揣在兜里的故意隐藏有所不同，它是没有任何隐藏的，在摄像头下少扫了点商品——只是没有扫全。这是顾客在赌超市工作人员看不过来或者看不着监控录像。因为之前的漏扫就无人提醒。

从本质上讲，这种行为绝对是一种偷，但这又是没有隐藏的偷，与故意绕开监管的偷相比，它在动作上并不明显，给人带来的恐慌感和负罪感也比较低。一种潜在的心理安慰是：漏扫总是存在，无论是故意的还是过失的。

因为对过失导致的漏扫没有提醒，会让人误判监管存在漏洞：即使有摄像头，也是摆设。这就放大了人性中的贪欲。

这就像摄像头老是拍不到的路口一样，这些地方的交通违法现象一定会更多一些。

监管与被监管之间存在一种猫鼠博弈。人不是完全自律的，必须有他律才能促使人们行为规范。

要求人在无人监管的情况下所有人都言行规范，也就是要求所有人在所有的时候都能像君子一样独善其身是一种苛求。

这也是超市的商品会加识别条码的原因。不扫条码，门口的安检仪就会发出警报。正是因为有这个机制，才会降低超市被盗的风险；也正是因为这个机制与人工结账通道相结合，顾客才会自律。

人不是天然自律的。

但是，自助结算通道漏扫的商品为什么没有被识别出来呢？这是因为并不是所有商品都有这种识别条码，比如生鲜食品就没有，还有很多散装的食品也没有。

事实上，超市盗中涉及的物品大多是这种低廉的物品。

很多案件中的被盗物品价值不过百元，甚至只有十几元钱，即使多次盗窃，涉案物品总价值也不会太高。在笔者接触的案件中，不少行为人还是因为一时失业没有工资，或者自雇者一时间没有收入，或者家里有病人的……总之这些人的收入不高，他们偷的只是非常低廉的蔬菜和食品，目的是充饥。

也有一些高收入人员盗窃，这部分人有些是为了宣泄压力，有些是为了寻找刺激，虽然他们的心理可能不健康，但是其社会危害性极小。

这些行为在传统的以数额来评价的时代，都不会按照犯罪处理，那如今为什么当作犯罪处理了？

这说明我们的关于犯罪的观念发生了改变。

这类犯罪的急剧增加与新商业业态直接相关。

那就是基于更加无人化的购物环境，更加放松的购物氛围，所必然增加的商业风险，也就是无人监管情况下的违法、违规行为。

这不是一种反常现象，这是一种正常现象。

在建立新零售业态的时候，商家就做好了承担此中商业风险的准备。

事实上，这些所谓的商业风险可能带来的损失也通过减少销售人员的工资成本的方式补偿了，而且通过提高购物效率，又进一步刺激了消费者的购买欲望，因此总体上是呈正收益的，否则无人结算通道也不会越来越多。

但是在这里，治理消费者无人监管情况下的行为失范问题，不应该简单采用刑罚手段，而应该采取综合治理手段。

比如增加各种提示信息：一旦安保人员发现消费者违规，就要及时提醒，而不是故意不告诉他，等着送他去监狱，在送他进入刑事诉讼程序的过程中为自己捞取好处；同时应该采取技术性的措施，对无人结算商品单独过机，进行技术监管。

当然，这些预防犯罪措施必然会增加商家的成本，而且这个成本必须由商家承担，不是商家想承担就承担，不想承担就完全转嫁给司法机关和消费者，让刑罚成为其提示员和保安员。事实上，是积极刑法观和机械执法观念让司法机关甘当了商家提示员和保安员的角色。

这样的局面应当扭转，主要的方法就是由商务部门对无人结算的购物环境标准进行规范，对没有达到标准的商家由市场监管部门来监管并处罚，对于故意使消费者落入人性陷阱的无良商家提起公益诉讼，督促其改进落实。

只有对犯罪环境进行治理，才能真正解决犯罪的源头问题。

个案查处与综合治理

个案查处与综合治理是标和本的关系。我们习惯上说的标本兼治就是个案查处与综合治理相结合。

治病要去根嘛,不然只能维持一时,到后来还是有问题,而且是层出不穷的问题。

有的时候表面上治好了,但如果延误了根本性的治疗,反而会失去在根本上解决问题的契机。

因为症状往往是病因的反应。没有症状,人们可能无法知道自己的问题。

因此,症状往往是反思的契机,提示我们从症状出发,去审视真正的病因,从而获得从根本上解决问题的机遇。

就比如发烧,它不只是吃退烧药和消炎药的事。如果反复发烧,那就可能有大问题,就一定要去医院进行一些专业性的检查和治疗。比如,一般要验血,从而为探查真正的病因做准备。

病因是不容易发现的。有的时候明明有了病因,但是没有一个契机显露出来,人还感觉好好的呢。

再比如有些病果会烂心,表面上看起来挺好的,但是里面开始腐烂,一旦发现就已经晚了。

为什么人类要有神经系统?为什么人会感觉到疼痛?很多疼痛未必有什么实质的危险,但它们还是会不断地提醒我们,这个地方不舒服,可能存在风险。

医生经常说,你平时感觉不到器官在哪,一旦你能感觉到器官了,那往往是器官有问题了。

因此可以说这种感知系统也是一种预防系统,它是通过敏感的方式让人们警觉,让人们关注风险,从而能够防患于未然。

刑事案件也是一种症状，它也或多或少地反映了一些社会问题。

比如前些年，东北有些地区恶性犯罪比较多，还记得同学跟我夸张地说，晚上不敢出门，就是把包拴上一个铁链子都能给抢了。

这里就有社会性的问题，那就是东北地区大型国有企业比较多，在经济转型时期比较困难，下岗人员比较多，大家又不愿意出去打工，从而形成当时的社会环境。

从犯罪学的常识理论来解释这种现象，那就是失业率达到一定的比例，必然会提高犯罪率，因为老百姓的生活没着落啊。

最近在有些地区，超市自助结账漏扫的盗窃案件多起来，跟目前很多服务行业不景气有关。比如没有生意，房租要照付，很多小商小店就歇业了，很多打工人就没有了收入。为了维持生活，这些人就去超市通过漏扫的方式偷点菜吃，金额很小，但根据现在没有数额限制的"多次盗窃"标准，也就入了罪。

这些行为确实是犯罪，但这些犯罪反映的某些社会性的问题，却不是仅仅通过打击就能够解决的。甚至这些问题也不是通过不起诉就能够根本解决的。

因为虽然不起诉了，但是行为人还是要面临老人孩子下顿饭吃啥的问题。

治安形势的扭转根本上靠的不是刑事政策，而是社会政策。

比如，东北就是通过振兴老工业基地促进了社会经济发展，改善了经济结构，促进了就业；有了稳定的职业，自然也就减少了犯罪的发生。

容易因为一时冲动滑入犯罪深渊的，大多是 25 岁以下的青少年。这些人打架没有轻重，不知深浅。他们涉世不深，有荷尔蒙引发的冲动，而且不太知道怎么控制，就很容易为了义气、面子、情感而不顾一切。这些人到了中年以后就会悔恨。娶妻生子或者有了稳定工作之后，就会比较有顾忌。因为这里有一个损失厌恶的问题。

稳定的生活是令他舒适的环境，是他不愿意失去的，他为了保住自己的这个环境，也就是为了自己的利益，也就不会轻易出手，不愿意让自己和整个家庭都陷入风险。

婚姻和就业可以称作社会的稳定器。

所以，当我们在办理个案的时候，一定不要放过可能完善社会机制的机会，力争通过个案撬动整个社会治理的完善。这几年，最高检连续出台的检察建议就是这个意思，就是让案件成为社会治理的支点。

阿基米德说，"给我一个支点，我可以撬起整个地球"。对于检察官来说，就是通过个案来撬动社会变革。

确实是撬动，而不是推动。在正常的情况下，要推动这个社会变革是十分困难的。但是当一个案件出现，甚至发酵，实际上就是在酝酿社会变革的力量，也是一个达成社会共识的过程。这些都是非常难得的契机。

就比如昆山反杀案之所以会成为激活正当防卫条款的里程碑，就是因为社会通过这一个极端的个案看清了正当防卫的意义：退无可退就无须再退，即使反杀也是有可能不构成犯罪的。

这是教育公众的过程。

以往的保守观点还是认为，不管怎么说，杀人还是要承担一点责任的，所谓死者为大。

这里就包含了不分是非的和稀泥逻辑，也有一种保守主义的机械执法立场。

这种观点的潜台词是，定个防卫过当是不是更平衡一些？最好不要走极端。

但是很多时候正义就是极端的，无罪就是无罪，不存在和稀泥之后就要"承担一点点责任"的道理。

即使"承担一点点责任"，也是承担刑事责任。

敢于分清是与非，这是需要一些勇气和担当的，这与以往一些习惯性的做法有所不同。

在这个过程中，公众的爱憎分明给了司法机关极大的勇气，是朴实的正义观让复杂的问题变得简单起来。

如果你是当事人，你又能怎么办？你能掌握得了那个分寸吗？

如果你自己做不到，凭什么苛求行为人？

通过这个个案，就把法律制度早就设计好的，司法机关很多年前想做成但没有做成的事，给做成了。

这其实也是一种综合治理。

它通过一个个案形成了公检法机关和社会公众的共识，形成了一系列的制度性安排，让正当防卫能够被有效使用。案件宣判后，很多与这个案子无关的老百姓都给公安机关和检察机关送锦旗。

为什么？

因为这个看似与老百姓没有多少关系的案件，给公众带来了希望，让他们感到更安全了，更公平了。让他们也跟着受益了，让他们在遇到事的时候知道该怎么办了；或者已经摊上事儿的，有了指望了。

这对他们而言，是实实在在的。

我记得案子宣判没多久我去昆山出差，就与一位司机聊起了这件事。我就问，他这个事儿，在社会上有什么影响啊？司机说，别的不说了，就说现在高利贷要钱的时候，就收敛多了。这就是正义的涟漪效应。

也即个案查处与综合治理的关系的实质，就是利用问题发现契机、形成共识，使正义的涟漪最大化。

因为这个时候不放大，过了一段时间，就又会波平不兴，很难突破了。

所以个案其实也是改变世界的支点。

轻罪治理不是只用较轻的刑事手段就行

现在轻罪治理渐渐成为热点，接着这个话题而谈的，往往是宽严相济。

很多人乐观地认为，只要通过宽严相济进行了宽缓化的处理，轻罪就得到治理了。

非也！

这些措施只能解决表层的问题，只是向侦查机关传递一个信号：这个罪不重啊，取保直诉就行了，有些更轻的相对不起诉分流也行。

相对不起诉行，但撤案就不一定合适，不立案就更不一定合适。

取保可以，但这并不意味一开始没有刑拘，只要不报捕就行了。

这样一来，传递的信号只是：这类案子轻点办。

我们知道，即使取保了，判了缓刑，那也是有前科的，这是一辈子的污点，子女都要跟着受影响。即使做了不起诉，没有前科，但是只要被公安抓过，在很多人眼里那也就算是坏人了。而且相对不起诉的决定书上也会明明白白写着"构成犯罪"，只是情节轻微没有起诉而已。虽然这不是司法意义上的定罪，但在普通人眼里，在很多工作单位眼里，这就是"定罪"了。

你能想象一位博士生导师被相对不起诉之后，他在学校里怎么自处，怎么面对别人的眼光吗？这也差不多算是社会性死亡了。

名节对很多人而言是重于生命的，荣誉感是人类在社会上生存的基本需要。

因此，不是这些案件处理得轻一点就能解决问题了。

我要说的是，这些案件就不应该发生。

我们要解决的问题就是怎么能够不让此类案件发生，或者尽量少发生。

比如，超市自助结账漏扫的盗窃问题，它几乎就是完全可以避免的，这不是妄言。

有些超市安装了一些预防漏扫的技术设备。如果你买了五件商品，但只扫了四件，不管你是有意的还是无意的，这个设备马上就会提示，然后就会有工作人员非常善意地过来提醒："您好，您是不是漏扫了？"

一般情况下，顾客都会补扫，而且还要非常抱歉地说："不好意思，漏了，还以为扫上了呢，不太会用，谢谢啊！"

如果是真的漏扫，下次一定会更加谨慎一点，稍有自尊心的人也不希望再次被人提醒。

如果你是故意的，那你还不心虚吗？还敢在这个超市再试一次吗？多让人提醒两回还不让人盯上了？而且贼是最怕被盯上的。

如果你只是抱着试一试，看看能不能占个小便宜的心理，那这个心理在这个机器面前将被彻底打消。你不会再抱有幻想，因为那样做的成本太高了，几乎是不可能的，也就没有必要了。而且你的犯罪冲动本身也并不强烈。

如果所有的超市都安装了这样的设备，超市盗这个罪行不就几乎可以绝迹了吗？这样可以挽救多少人？

能够用道德、用技术、用商业规范解决的问题，为什么要用刑事手段来解决？

而且，简单地不捕不诉根本解决不了发案问题。

如果不规范自助购物的商业环境，还是会有很多人陷进去的。

因为没有提示，而且顾客也知道没有提示，尤其没有自动的提示，就意味着几乎完全依靠人的自律来约束行为。再自律的人也无法抗拒违背规则可以获利的诱惑。

你能想象一个社会只有法律规则，没有警察、没有司法机关吗？

司法行为就是一种提示，违法就要受到追究，不是攒着秋后算账，而是违法必究。

教育也是一种提示，不是孩子变成罪犯才管束，而有小问题时就要管束，通过对细微之处的纠正来培养行为习惯。

有了规则，对违反规则的及时提示就是一种必须的配套设施，正所谓徒法不足以自行。

对违反规则的行为的提示有助于公民规则意识的养成，而发现违反规则的行为之后不提示，就是在变相鼓励对规则的违反。

自助结算漏扫率高是事实，这里既有顾客作为"业余收银员"的不熟练的因素，也有扫码机不灵敏的因素。这两个因素叠加，就必然导致漏扫行为。而很多漏扫行为在一开始只是无意的。

无意的漏扫也是一种漏扫，这不仅是销售成本的问题，还是顾客购物规则意识的养成问题。

没人看着是不是就没人监督了？如果多次不管，那就是不监督了，随便了。

即使攒着几次抓几个人，也还是有大量的漏扫者没有抓到。或者为了攒着故意不抓，谁知道是故意不抓，还是真没看到呢？

这种大量的不提示，就构成了对破坏规则的鼓励，这种制度性的鼓励才是超市盗的根源。

即使轻缓地处理了几个，但只要大量的不提示还在，这些破坏规则的鼓励还在，就总是有人跃跃欲试。

只有每次漏扫都提示，才能解决问题。目前是具备这种技术条件的，有些商家也已经使用了。

之所以超市盗没有绝迹，就是因为很多商家还没有应用这些技术，还在掂量着靠抓人省钱呢。综合比较下来，还是买一套设备划算，很多时候，商家掂量的是成本问题。当然，这里还有一些管理人员的灰色利益，那就是另一个层面的问题了。

但现在的情况是，这已经不是单纯的商业成本和商业利益的事情了，这是社会成本和社会利益的问题。

如果那么多顾客被诱惑吸引进来，陷入了盗窃犯罪的深渊，无论起诉与否，他们的人生和家庭都被毁掉了。这会给社会带来多大的负担？带来多大的负面影响？这是商家节省一点成本就能够抵消的吗？

因此，现在的问题不是宽严相济能够解决得了的，而要通过社会治理的检察建议，通过社会治理体系的沟通建构，通过完善自助结算的购物环境标准来加以解决。比如在相关购物环境标准中加入强制性的漏扫提示设备，而且有效识别率必须达到一定的比例才行，这样才能实现真正的预防目的。

坏的制度会使好人犯错误，我们现在要解决的就是如何建立好制度的问题。

轻罪治理必须将注意力集中在制度层面才能收到治本之效。

政策和法律怎么把握？

办案当然要适用法律，这点我们很清楚。

关于适用法律，有一整套的规则和理论：我们知道哪些是上位法，哪些是下位法；哪些是一般法，哪些是特殊法；哪些是程序法，哪些是实体法。

即使法律规定有模糊之处，也有司法解释以及相关案例可供参考；即使这些都没有，也还有关于法律理解的方法可供应用；还可以自行进行文义解释、目的解释、体系解释；等等。毕竟法律是有文本可供遵循的。

但是政策就不一样了。哪些是政策，有具体的文本或者条文吗？有些时候是说不清的。

很可能需要到一些讲话或文件中挖掘，而有些内容还不是完全公开的，因此每个人能够找到的政策有可能不完全一样。能够掌握多少政策，能够掌握哪些政策，不仅和政策本身有关，还和当事人接触到文件资源的能力和机会有关系。

这是政策的一个特点，那就是不确定性，缺少固定的文本，更不要说流程体系了。

还有一些政策在实行了一段时期之后，因为某些特别的原因又不能用了。

但法律一般不会出现这种情况。

虽然政策也是很重要的，但是政策文本具有不确定性，其在未来的效力也具有不确定性。自然，每个人对政策的理解就更难以统一。

好在政策与法律相比，没有那么强烈的刚性，而是有一个弹性的机制，政策更多时候发挥的是一种导向作用。

而且政策往往可以通过归纳为具体概念的方式引导司法理念，在潜移默化中得到贯彻落实。

比如宽严相济刑事政策，几乎每位司法官都知道它的概念，但并不是每位司法官都能说清楚：它到底是什么时候正式提出的？最先出现在哪个文件或者哪次讲话之中？当时的讲话到底是怎么阐述的？

其实我们在贯彻宽严相济刑事政策的时候，根本就不需要这样刨根问底，而且法律文书中也没有必要标明出处，甚至是"宽严相济"这四个字都没有必要写出来，只要在定罪量刑中体现它的精神就可以了。

至于到底是怎么体现的，体现到什么程度，有没有真正落实，都没有特别量化的标准来考察，它更多的时候是我们心中的一个概念。

在评价一个案件的时候可能笼统地说：这个案件体现了宽严相济刑事政策，或者违背了宽严相济刑事政策。但即使我们这样评价，也依然没有一个固定的标准来评价体现或违背这项政策的程度，或者做到什么程度就是不违反了。

只有在宽严相济刑事政策演变为认罪认罚从宽制度之后，才有了更加具体的程序和制度保障。只是即使是认罪认罚从宽制度也不能完全涵盖宽严相济刑事政策的全部。

比如哪些案件即使认罪认罚了也不适合从宽？这个就不太容易说清楚。

有人认为某一类案件就要尽量从严，尽量顶格判，只有顶格判才能体现从严，其他不足以落实从严要求。

但是宽严相济刑事政策是宽中有严、严中有宽、宽严相济啊，不能一味从严，也不能一味从宽。

但是也有人认为一些专项案件为了体现严厉性、严格性，要的就是一味从严，宽严相济在这里并不适用，或者说宽严相济中的宽和相济在这里不适用，严还是适用的。

这里就存在政策打架问题。这就像法律之间存在冲突一样，但是法律冲突有一些明确的规则来调整，那政策冲突如何处理？

其实政策冲突也可以借鉴法律冲突中的一些处理原则，比如体系性解释和目的性解释。

不管什么样的专项活动或者政策，都不完全是打击，肯定还有一些更高的目标。

那么这些更高的目标是什么？怎么来维护？是不是仅仅靠打击就能够实现？

这就有必要考虑一下。

即使是打击,也有一个分化瓦解问题,也不是同等力度的打击,而应该分清具体罪行的严重程度,进行分层次的打击,这个分层次不就是宽严相济吗?

宽严相济是刑事政策中的基本政策,相当于基本原则,它体现了刑事司法工作的基本智慧。正因此,宽严相济是更高层次的刑事政策,个别的、特殊的、一时的刑事政策,当然不能违背这个一般性的、基本的刑事政策。

从这个意义上来说,刑事政策也有上位法和下位法的区分。

现在我们讲刑罚宽缓化也是一项政策。这项政策立足于刑事犯罪结构的变化,也是宽严相济刑事政策在新时代的具体体现。

虽然同样是宽严相济,但是由于犯罪结构不同,刑罚总体轻重程度不同,不同时期体现的力度和具体内容也是不同的。

在严打的年代,在重罪比例比较高的时代,可能谈少杀慎杀就是一种宽严相济了。

但是在80%～90%都是轻罪的年代,那就是三年以下怎么"轻"的问题了,上限不一样了。

三年以下怎么"轻",那就是缓刑,不羁押和不起诉的问题了。

因此,讲宽缓化其实就是在讲宽严相济,只是与时代特点紧密结合。

很多人也会指出,宽缓化也只是讲了宽严相济的宽,那严和相济怎么讲呢?如果只讲宽,那岂不是也一样犯了以偏概全的错误,同样是违背了宽严相济的基本原则吗?

因此,我觉得在广泛推行宽缓化的时候,也要讲一讲例外,也就是哪些案件虽然是轻罪,但是情节也是相对比较恶劣的,也是需要羁押起诉甚至判处实刑的。

那轻罪中有没有相对重的情况?肯定是有的。

因此,从这个意义上讲,在推行宽缓化的过程中,有必要建立一些负面清单,也就是在一般应该适用宽缓的情况下,哪些要特别从严,这个事情也要讲清楚。

只有这个讲清楚了,才能避免从一个极端走向另一个极端,也才能更好地体现从宽,此时的从宽也更容易得到拥护。

既然政策模糊,不容易把握,那能不能不要政策,只讲法律?

实践中也是不行的,我们讲三个效果的有机统一,是什么意思?从本质上来说,就是法律与政策的统一。

虽然政策有自身的缺陷和局限,但是政策也有自身的优点,那就是比较能够与形势的变化相结合,也就是可以在一定程度上弥补法律的滞后性。

政策本质上体现的是司法官对法律的把握尺度。

政策并不能超越法律用于定罪量刑,政策也必须坚持罪刑法定的原则,政策并不能违背法律。但是政策可以调整司法机关关注的重点,而这种变化很多时候也体现了公众的法律需求的变化。

因此,司法官不是在凭空地执行刑事政策,而是通过把握刑事政策来把握公众不断变动的法治需求。

法律也是公众法治需求的体现,只不过它的变动周期更长。

在把握政策与法律的关系时候,很多时候就是在把握短期法治需求与长期法治需求的平衡。

司法,本质上恰恰就是一种平衡的艺术。

宽是主流？严是主流？

有时候我们说宽缓化，有时候说轻罪也要从严，不捕不诉太多了也不好。

那么，到底应该宽还是应该严？

自然，有人还是会说宽严相济，该宽则宽，当严则严。两头说会让人越来越糊涂。

这样说，逻辑上是没有错的，但实践中还是很难把握：可捕可不捕的是捕还是不捕？可诉可不诉的是诉还是不诉？

遵循不同的刑事政策导向会得出不同的结论。大多数案件都是处于这种临界状态，很难确定该怎么做还是不该怎么做。

这个该与不该，其实就是一个导向性的问题。

那就是主流到底是什么？

我们敢不敢于承认现在就是以宽缓为主流？很多政策其实有了这么一点意思，但是稍微遭到一点质疑就不太敢坚持了。

比如宽缓化，就是尽量减少捕、诉、押，就是尽量宽缓的意思，但是一旦有人质疑：打击犯罪不是检察机关的职责吗？现在怎么成了"主要是放纵犯罪"了呢？我们自己也就犯嘀咕了。

有些地区的不起诉率已经达到40%，接近50%，有人也担心：我们宽缓的政策可能过头了，怎么能让宽缓成为主流呢？

但是，我要问：为什么宽缓就不能成为主流呢？

现在轻罪案件不是已经占到80%以上了吗？那么，现在宽缓率超过50%，向80%不断接近，这样不是正常的吗？

刑事政策根据犯罪结构进行相应的调整，这不是非常自然的现象吗？

但我们还是担心，我们宽缓的政策还是被质疑。于是我们开始自我怀疑，好像哪里做错了。

事实上，并没有什么可担心的。既然轻罪是主流，那么宽缓当然也应该是主流，这是刑事政策基于犯罪结构的自觉调整。

至于宽缓之后，对司法和社会到底是好处多，还是坏处多，那就应该做一下评估。这个评估并不完全是依据复议复核率等个别数据进行的，因为这些数据只能反映出侦查机关的态度，并不能代表宽缓政策的实际社会效果。

应该将不捕不诉率与案发率、被不起诉人再犯率、公众的安全感、社会经济发展水平相结合，进行综合的评价，从而更加客观全面地评估宽缓刑事政策的实施效果。

也就是要引入宽缓刑事政策的第三方评估，既不要因为侦查机关的一些意见听风就是雨，也不要因为不自信而妄自菲薄。

不捕不诉率高一点不一定就不好，同样，低一点也未必就是好，要具体问题具体分析。

只要宽缓的效果适当，只要有利于改善治安状况，改善社会法治环境，促进经济发展，即使宽缓率高一点，那也是合适的，也是应该鼓励的。此时，应该研究的是侦查机关为何把关不严，眉毛胡子一把抓，抓了很多不该抓的人。

此时，要调整的其实是侦查机关的标准和政策。这就是实事求是的分析方式。也就是该是谁的问题就是谁的问题，不要因为指标一高我们自己就发抖。只要我们的政策是稳定的、一贯的，内部管理是从严要求的，程序是严格执行的，那就是稳妥和适当的。

至于一定时期数据指标的异常，自有其客观原因。

可能是因为侦查机关过于追求业绩从而产生的大抓大放问题，此时，不仅要通过捕诉裁量权行制约，还要通过类案沟通的方式督促侦查机关就侦查政策进行适当调整，从而符合目前的经济发展状况和犯罪结构的变化趋势。

如果通过第三方评估发现是检察机关的问题，那么检察机关就应该及时加以调整，没有必要固执己见。

不管怎样，这必须是一种综合的判定，最好还是引入外部评价机制以提高其客观性。

基于目前犯罪结构的发展趋势，我认为宽缓应该是主流，即使有些人不愿意承认。即使有人认为有些轻罪暴力属性强，应该从严打击，但此类犯罪也仍然是极少数，从严打击就打击这个范围内的就可以了，没有必要扩大范围。

不能因为有一些要严，就搞得好像整个政策都要跟着改变方向一样。必须明确一点，那就是宽缓仍然是当下刑事政策的主流。

这个宽缓不仅与轻罪的主流结构有关，而且是一种更加文明的司法方式，从而让当事人更加心服口服。

而且需要强调的是，最好的刑事政策其实是社会政策，能够通过社会政策、诉源治理等方式解决的，就没有必要过多地动用刑罚手段。

要避免动辄入刑，在完全没有启用行政处罚和社会管理政策的情况下，就单方面动用刑罚，从而将刑罚当作个人、企业的工具，那就是将司法当枪使了，这就是很不适当的。

因此，坚持宽缓是主流，需要一种战略定力，不要因为个别领域的专项活动，或者一些舆论影响就轻易改变，应该保持政策的连续性。

宽缓是主流也可以理解为人性化的司法执法方式是主流，通过更加文明的方式进行治理，在治理的过程中尽量减少暴力方式的使用。

虽然这种治理方式的周期可能更长，但是因为善意能够激发善意，因此能够帮助社会产生内生性的动力。

这其实是一种司法向善。也就是司法要尽量释放善意，比如宽缓，就能够最大限度地激发善意，并通过当事人的社会网络进行传播，从而帮助当事人向善。也就是通过司法向善促进社会向善，让善意激发善意。

宽是主流是没有错的；严是必要的，但一定是次要的，而不是主要的。

在人性化的司法道路上，我们应该坚定信心，不要轻易自我怀疑。

犯罪能不能被消灭？

犯罪从整体上不能被消灭，但是个别领域、个别类型的犯罪可以被消灭，或者在数量方面大幅度下降，接近于被消灭的状态。

这也是诉源治理的目的。

诉源治理的直接目的就是将一类案件的发案源头解决掉，从而去掉滋生犯罪的土壤，进而极大地降低犯罪率。

意大利犯罪学家菲利曾经提出一种理论叫作犯罪饱和法则，基本观点是在具有特定量的引起犯罪的个人、物理和社会因素的社会，必然会发生一定量的犯罪。

很多人认为，犯罪就是随着人口的增加而必然增加的一种现象。

这样的理解就让任何犯罪预防措施都变得毫无意义，好像犯罪是近乎恒定的常量，是稳定而无法改变的。

这就忽视了物理因素和社会因素的变化对犯罪的影响。物理因素可以理解为预防犯罪和治理犯罪的基础设施；社会因素既包括预防犯罪和治理犯罪的机制，也包括诱发犯罪的社会性问题。

在人口规模相对稳定的情况下，对预防和治理犯罪的基础设施和制度机制作加法，对诱发犯罪的社会性问题作减法，就可以在一定程度上减少犯罪的发生。

也就是人口常数不动，物理变量和社会变量变动，犯罪总量也会发生一定的变化。

这些年来社会长足发展，在基础设施方面投入较大，在社会性问题的解决上也做了大量工作，那为什么在有些地区，犯罪量并无明显下降，个别地区反而还提高了？

这是否意味着物理和社会变量的变化是没有意义的？

是不是说犯罪与人口存在守恒的关系，怎么治理都不会变化呢？

其实并不是，犯罪并不仅仅与人口相关，它与物理因素和社会因素的变化也存在相关性。

其实我们仔细分析就可以发现，现在的犯罪结构与十年前、二十年前相比已经有了显著的变化。尤其是轻罪占比是逐年提升的，现在已经达到了80%～90%。

而且很多新设立的轻罪是法定犯，是法律硬规定进来的，刑法将有些原来不是犯罪的行为划定为犯罪行为了，比如危险驾驶罪。还有些传统犯罪的认定标准降低了，比如盗窃罪。

如果以十年前、二十年前的入罪标准来衡量今天的犯罪行为，那么犯罪量已经是大幅度降低了。

现在之所以在数量上维持了相对的稳定，是因为犯罪圈在不断扩大。

当然，这种扩大主要是轻罪领域的扩大，因为重罪领域的定罪标准保持稳定，因此重罪数量下降了。

从某种意义上来说，也并不是现在轻罪变多了，而是轻罪的标准降低了，把更多行为都纳入进来，所以数量上显得多了。

所以，单纯从数量上消灭犯罪并不难，那就是停止犯罪圈的扩大，不要把更多的违法行为圈进来就行了。

按照这个趋势，重罪的绝对数量还会继续下降，传统的轻罪数量也会进一步下降，从而导致犯罪数量的降低。

更为积极的做法是，对于犯罪圈有些不合理的扩张要进行纠偏，从而"拨乱反正"。

比如三次盗窃入罪、没有数额限制的问题。对于商超内自助结账盗窃，我们就考虑设定一定的数额标准，解决盗窃几十元、一两百元就入罪的怪现状。

这个抬高枪口的行为就使很多违法行为被挡在犯罪圈之外。

当然，也有人会质疑，即使不按照犯罪处理了，偷窃行为也还在，这不是自欺欺人吗？

并不是，因为我们还要诉源治理。这不是搞"概念游戏"，而是要真正解决问题。

比如我们现在就在推动制定商超自助结账的防损规范，对于自助结账环境的人防和技防提出要求，从而建立一种不能偷、不敢偷、不想偷的购物环境。

也就是通过技术手段，让人根本就偷不了。

比如在自助收银处设置称重装置，让商品在结算前和结算后的质量必须保持平衡才能结束购物；或者通过人工智能的方式，对需要结算的商品数量进行识别，同时对结账动作进行识别，从而建立匹配关系；还可以运用物联网的方式对商品进行追踪；对于异常结账或者不结账的行为进行自动提醒；通过技术判断，不结账不能离场；等等。

有了上面这些措施，顾客基本上就偷不了了。

这样一来，那些顺手牵羊型的盗窃就会减少，直至消失，人们对自身的约束也会由他律转变为自律。

这就是在"消灭"犯罪。

其实消灭犯罪的行动早已开始了。比如移动支付的普及，让现金的使用概率降低了，这就导致盗窃现金的现象极大减少。

如果没有超市盗，盗窃犯罪本来是处于持续下降的趋势的。就像现在几乎没有偷自行车的了。

刚开始有共享单车的时候，还有盗窃或者破坏共享单车的情形，现在这种现象也很少了。并不是这些偷车的人的素质一下子提高了，而是物理因素和社会条件的改变造成了这种趋势。

当然了，这些都是财产犯罪，似乎物理因素和社会条件相对比较容易改善。

但是暴力犯罪的环境是不是就没那么容易改善呢？

人多了，冲突是不是就会多？这个冲突发生的概率是不是相对固定的呢？

其实也不完全是。

必须承认，有些违法行业和灰色行业是产生暴力犯罪的温床。比如赌博机网点。这些网点多了，高利贷就会多，从而产生的寻衅滋事、伤害，甚至杀人案件就会增加，这就相当于一个暴力犯罪的温床。

类似的，还有卖淫行业和毒品行业，也都可能诱发衍生性犯罪。

如果超市盗不治理，还会衍生出安保人员的敲诈勒索犯罪。

生活中，邻里之间偶然性的冲突也是难以避免的，但这些对安全感并没有那么大的威胁。

真正对安全感有威胁的，是有组织性的暴力犯罪。

灰色行业和灰色收入是滋生有组织犯罪的温床，这种有巨额经济利益的暴力行为也因此才会愈加持久和猖狂。

所以治理此类暴力犯罪，重点也在灰色行业的治理，这才是诉源治理。把源头治理好了，就可以减少相当数量犯罪的发生。

在诉源治理的时候，我们也要警惕一种现象，那就是"开发案源"。

这不是律师"开发案源"，而是侦查机关"开发案源"。

本来，随着社会的发展进步，也就是物理因素和社会因素的改善，犯罪数量总体呈现下降趋势。但部分侦查机关迫于立案数、刑拘数的压力，开始找案子，尤其是开发新产生的罪名。这样很容易就会产生机械执法的现象，从而人为扩大犯罪圈。

比较典型的就是使用虚假身份证件罪。一度，侦查机关发现外卖小哥为了给摩托车加油都出示假驾驶证，就大量盘查，而且一抓一个准。其实这些快递小哥除了送外卖之外，什么也没干。而且使用虚假身份证件罪还有一个"情节严重"的要求，快递小哥的行为从形式上也不符合这个要求。后来，经司法机关提示，侦查机关使用了伪造身份证件罪，使大量此类行为入罪，理由是快递小哥让他人为自己伪造证件。

这就是典型的机械执法，为了扩大执法数据而扩大犯罪圈。

这些行为就是不应作为犯罪处理的行为，此时的扩大、增加就是一种虚增。

其实犯罪总量并没有增加，此类虚增只是延缓了犯罪总量下降的趋势，造成一种办案方面的虚假"繁荣"。

犯罪量下降，不也是一件好事吗？为什么会有人担心犯罪量的下降，而人为抬高犯罪数量呢？

这其实还是司法理念的问题。误以为案件少了，执法司法机关就没事干了，就没有业绩了。其实犯罪量持续下降，尤其是严重犯罪的总量和比例的持续下降，是促进社会安全和谐的重大司法业绩。

无论是现金使用的减少、共享单车的增加，还是出警速度的提高、联防联控能力的提升，都是巨大的社会进步。在这种社会进步的背景下，犯罪量减少是正常的，是符合犯罪学规律和社会发展规律的。

案件少绝不等于司法机关不作为，更不能为了彰显作为就办"凑数案件"。

我们要做的，不是人为将普通的违法行为硬拿到刑法中来评价，而是应该通过诉源治理的方式、通过完善他律的方式，促进自律的养成，进而减少不必要的犯罪的发生。

在不能完全消灭前科负面影响和前科对子女的附随性影响的情况下，减少犯罪发生，让人们更多的是不能犯、不敢犯，才是最大的挽救和保护，也才是最大程度地促进社会的和谐。

因此，犯罪虽然不能完全被消灭，但是尽我们所能消灭那些本不应该发生的犯罪，是可以做到的。

这既是司法机关不可推卸的重要责任，也是实实在在的司法业绩。

刑事政策的连续性

切实发挥作用的刑事政策一般都要持续推进很多年。朝令夕改的政策难以产生持久的影响力。

刑事政策虽然名为政策,但并不是随时调整、随时改变。那种随时调整的"政策"顶多叫作刑事策略,或者办案策略,那是针对具体案件或者具体地域短期内的策略性调整。

真正的刑事政策更像一种战略方向,不能轻易调整,一旦调整也不能轻易更改。

刑事政策是能影响全局的,需要在整个国家推行,是整个刑事诉讼领域需要执行的政策。

这种全局性、全域性、全流程性决定了刑事政策贯彻起来需要比较长的时间,也就更需要让全体司法执法人员认识到政策的重要性,理解政策的核心内容,并且能够采取适合本地落实政策的有效措施,这些都是需要漫长的周期的。再加上并不是所有人、所有单位都理解,甚至个别领域、个别部门还有相反的意见,而且有些意见可能也具备一定的合理性,这些合理的意见对于完善刑事政策也是有帮助作用的。

从这个意义上说,从刑事政策出台,到刑事政策的完善成熟,是需要上上下下几个轮次的。这样说来,没有一年半载,一项刑事政策是很难成熟落地的。

因此,政策从出台到完善,再到全面贯彻运行,没有个两三年、三五年是不太可能实现的。

而有些政策若想持久,可能还要完善立法,这样一来周期就更长。就像认罪认罚从宽这项政策上升为刑事诉讼法的规定,用了多少年?前前后后快小十年了。

虽然认罪认罚从宽在执行上还是有不同看法、不同声音，还在不断完善的过程中，但是由于有了立法制度的保障，其方向性倒是不用有太多的担心了。

但是，并不是所有的刑事政策都能够形成立法成果。因此，其稳定性就显得非常重要，没有自身的稳定性，一个政策就有可能在具体的落实过程中显得力不从心，从而失去了生命力，甚至最终走向终结。

当然，很多政策也有其自身的局限性，在一个时期内可能是有价值的，但是从长期来看，可能无法一直适应时代的需求，那也会自然而然地被淘汰，从而形成刑事政策的新陈代谢。

相比之下，一些比较符合法治发展方向的政策，由于比较具有前瞻性，就可能受到保守观点的批评，此时，政策的主张者就会有一点担忧和焦虑，就老是想进行自我矫正，把前瞻性的观点不断消减、调整，最终变得四平八稳。此时，虽然逻辑上都照顾到了，没有风险了，但也就变得四不像了。

鲜明的刑事政策往往有一个方向性，看似四平八稳的刑事政策往往是既怎么样又怎么样，感觉很辩证，其实就是啥也没说。

事实上，很多政策就是方向性的，比如认罪认罚从宽，其实这个从宽是可以从宽，不是必然从宽，有的嫌疑人、被告人认罪认罚之后仍然是要从严处罚的，甚至仍然要被判处极刑，但是这个政策或者制度的名称就是包含了从宽，体现的就是它的主要目的和大方向，也就是从宽。

如果为求四平八稳，可以把认罪认罚从宽称为认罪认罚宽严相济刑事政策，好像也可以，也就是认罪认罚之后当宽则宽，当严则严，事实上也确实是这么回事，但是这就没有意义了。

对于绝大部分嫌疑人和被告人而言，认罪认罚之后都会获得从宽待遇，那些认罪认罚之后无法从宽的毕竟是极少数。

所以，明确的刑事政策要有一个主要目的和方向，政策名称就是要点明这个方向。

再比如宽缓化，从字面的意义上来分析，宽的意思就是宽而不是严与宽相结合，或者严与宽相济，或者看着办。宽的意思就是宽。

而宽和慎相结合，其本质就是一样的，那就是慎重起诉、慎重羁押，含义也是与宽等质的。

所以，宽缓化的本质含义就是减少逮捕、起诉和羁押，就是这么简单。

当然，这也是与目前的犯罪结构以轻罪为主体的形势相吻合的，这是时代的趋势。同时，它也与另一个趋势相吻合，那就是随着文明程度的发展，社会总体上呼吁减少暴力的适用，也就是通过更加文明的手段来进行社会治理。而逮捕、羁押也是一种强制性的暴力，把罪犯起诉判刑投入监狱也是一种暴力体现，这些手段不能完全体现整个社会文明的发展趋势。

文明发展的趋势就是更加愿意通过社会手段进行社会管理，尽量减少刑罚的适用，也就是最好的刑事政策就是社会政策。

就像对孩子的管理，能够采用说教的方式，就尽量避免打骂的方式，这也是一种教育的文明。

刑罚是一种必要的恶害，社会的文明发展就是要减少这种恶害的发生，逮捕、羁押手段作为监禁和区隔的方式，也是这种恶害的延伸，自然也需要一并减少。

这就是宽缓化的背景。社会文明程度提高和犯罪结构轻罪化的双重力量促进了这项刑事政策的出台。

因此这项政策的出台有其历史性的背景，而且这个历史趋势是长期的、不可逆转的。

但是并不是谁都满意这项政策，那些渴望暴力的人，渴望依靠暴力进行治理的重刑主义者就会不甘心，偶尔的个案舆情也会加重部分公众的恐慌和焦虑——毕竟诉诸严刑峻法是方便的。

即使有一些偶然因素的干扰，我们也必须明确，社会文明程度的提高是不可逆的，犯罪结构轻罪化也是不可逆的，个别恶性案件改变不了犯罪结构的基本格局，这是趋势。

既然这两个基本点没有动摇，那么这种轻缓化、人性化的刑事政策也就没有任何动摇的理由。

刑事政策的实施最忌讳的就是左右摇摆，让人莫衷一是，这会使以往的政策成果也最终葬送，最终回到老路上去。

旧政策的惯性是非常强大的，而且它还非常易于契合公众的焦虑心理。正因此，在推行新政策的时候，更要保持战略定力，在完善刑事政策的同时也要注意把握方向性，不要轻易动摇，只有坚持长期主义，才能让新的刑事政策生根发芽。

刑事政策的调整

刑事政策是活的法律,虽然形式没有法律那么严谨,但实践中却被高度执行。执行政策有时候比执行法律还彻底。

因此,要想研究真实的法律应用体系,刑事政策是绕不开的话题。

刑事政策是可以随着社会的发展适时调整的,它要比法律的调整更灵活。

在法律还没有修改之前,往往通过刑事政策对司法工作加以调整,从而产生一种司法对社会快速反应的机制。

那么,什么才是刑事政策呢?它的主要载体和表现形式到底是什么?

从这个角度讲,刑事政策是很复杂的,其形式意义的复杂性往往要超出法律文本。

刑事政策可以包括司法解释、类案办理意见、指导案例和典型案例、座谈会纪要、会前文件、各类讲话等,很难有一定之规。

和形式相比,内容更为重要,但内容最大的问题是经常被调整。

如何避免刑事政策调整的随意性,是需要我们重点把握的。

具体来说,可以从五个方面重点把握。

1. 前瞻性

刑事政策是立足于当下,着眼于未来的。其本身就体现了一种导向性。

这是因为刑事政策既然不按照立法形式来,其严谨性必然受到影响,这就有必要促使刑事政策尽量保持稳定,只有刑事政策稳定,社会预期才能稳定。

同样,只有着眼长远,才能让刑事政策尽可能多适用一段时间,从而维持其必要的公信力。

这就要对社会发展趋势有相对理性的判断，对当下社会发展的方向有一定的洞察力。政策制定者的洞察力越是敏感、深邃，刑事政策就越是能够符合预期。

反之，如果估计错了，就可能带来灾难性的影响。

2. 同步性

最好的刑事政策就是社会政策。

刑事政策也是整个社会政策的有机组成部门。因此，在调整刑事政策的同时也要注意与其他社会政策的协调，步调上尽量保持一致。

如果刑事政策过于领先社会政策，那么它就必然缺少足够的落实工具，也容易背离社会公众的一般预期，因为大部分人还没有充分达成共识。

不能抢拍，也不能慢拍，否则都会感到不和谐。

3. 导向性

这里的导向性主要是指公共利益导向性。

社会政策变了，刑事政策也要调整，调整的指向性除了考量社会发展的方向之外，还要考量公共利益。

从公共利益出发来考虑入罪标准和捕诉政策，就比较容易满足最大多数人的最大利益。

那这个公共利益具体是啥？那就是大多数人会怎么样，大多数人会怎么做，社会普遍性的心理是什么。

这些看起来好像是虚无缥缈的，但其实却是具体可见的，是能够切身感受得到的。

它们可能体现为一些舆论，一些价值判断，一些公众的看法……不一而足。但只要有心，就能够感受到这种气势的变化。

但它们又不同于简单的舆情，而是必须有一些深层次的根源，是大多数人的长远稳定利益。

这些大多数人有时候是沉默的，他们的意愿需要司法者去体会和感受。

以真实的公共利益为导向就容易产生号召力，容易引起社会公众的共鸣，进而产生公信力。

4. 符合性

这里的符合主要是指符合伦理，也就是刑事政策不能违反常情常理常识。

刑事政策的调整不能过于机械，这会导致一般人接受不了。它必须以一般的伦理为前提，这样才能有深厚的道义基础，才可能成为良法善治中的良法，从而指导司法进行善治。

5. 整体连贯性

刑事政策的调整也要有全局性，要考虑历史、当下和未来，要注意规则体系的连贯性，因为其往往牵一发而动全身。

同时还要有宏大的历史视角，从贯通性的角度来审视刑事政策在当下的价值：如何在有限调整的情况下既解决问题，又不至于在规则体系之下过多地撕裂，让人感觉忽上忽下，不够稳重，也不够系统。

刑事政策的调整也应该坚持系统性思维和全局观。社会在变，生活在变，刑事政策必然也在跟着变，但这个变中应该坚持一些不变，坚持必要的法治思维。

也即，在变中求不变。

第二章

治罪问题

轻罪如何严治？

最高人民检察院明确要求，根据宽严相济的辩证原则，轻罪并非一味从宽，有些也要从严。

具体哪些应该从严，怎么从严，需要我们思考。

我认为这个从严指的肯定是轻罪案件中的极少数，而不是大部分。

轻罪案件的社会危害性较小，从而导致刑期相对有限。但是轻罪与轻罪之间也存在质的不同。

同样是刑期三年以下的案件，带给人的感受就明显不一样。

就比如超市盗，虽然有的人连续盗窃十几次，但是顾客并没有什么可担心的：他偷的不是自己，自己不用担心手机被偷或者现金被偷，因为自己身上也没有现金。

因为这些人偷的目标是特定的，并不是随意的，也不影响顾客个人财物的安全。

超市也没有想象的那么紧张，有些超市盘点完之后反映损失比原来还要少一些，而且摄像头俱在，保安一调监控一报警，立马就能解决。所以商家也没有那么紧张，不会因为此类案件有所增加就改变自助结账的发展方向，反而还不断增加自助结账的通道。

这是因为自助结账所带来的人力成本的降低要远低于商品损耗。

但是我们害怕打架，只要我们看到一条街上有人打架，就会觉得这条街的治安不太好。

如果我们生活的社区周边经常有打架的，我们就会对居住环境表示担心，甚至要考虑搬离这个社区。

因为每个人都可能成为打架的被害人。

但是我们的刑法体系对打架这类暴力行为的处罚往往比较轻。比如盗窃三次，一共五十块钱，就可能构成犯罪。但是连续打了三个人，只要不构成轻微伤，就很难入罪了。

但是哪一个更可怕，却是一目了然的。

我们看字面上说是轻微伤，但是其结果已经很重了，很有可能是大打出手。但是刑法对连续打架，连续伤害多人，并没有降低入罪门槛。从刑法体系上看，财产犯罪入罪门槛偏低，而暴力犯罪入罪门槛偏高。

这就导致很多对公众安全感影响极小的财产犯罪——比如超市盗，更容易入罪。相比之下，经常打架斗殴，严重影响公众安全感的暴力犯罪却较难入罪。

这就进一步导致同样是轻罪，财产犯罪的法益侵害性要轻得多，暴力犯罪的法益侵害性要重得多。如果仅仅按照法定最高刑来判断其严重程度和社会危害程度，将是极不准确，也是极不公平的。从这个意义上来说，刑法体系结构有需要完善的地方，对财产犯罪和暴力犯罪的整体入罪门槛需要进行调整。

在现行刑法的规定下，司法应该充分关注不同犯罪类型的实质严重程度，并据此来权衡宽严相济的适用。

比如，将严的目标主要集中在暴力犯罪领域。当然，这个暴力犯罪领域也应该有所区分，就像民间纠纷引发的冲突，此类犯罪往往事出有因，都是张家长李家短的事，有的时候确实是难以避免的，而且目标高度特定，对安全感的影响非常有限。此类犯罪与其他暴力犯罪在处理上就应有所区别，因为公众更害怕的是不特定的暴力，也就是随时会落在自己头上的暴力。

虽然说是不特定的暴力，但实施暴力的人未必是不特定的。这些暴力实施者有可能是特定的，可能是就是这个地区的流氓地痞，但就是没人管、管不了的人。

如果你敢反抗，他们就会对你进行疯狂的报复。

即使给他们治罪，也不可能治得很重，他们"出来"后会对你进行更加疯狂的报复。

这也是其他人害怕他们的原因，甚至有时候都会觉得报警也没有什么用。

当公众认为报警都解决不了问题的时候，对暴力的恐惧就会达到一定的程度。这些行为虽然是轻罪，但这种暴力所带来的恐惧感却是强烈的。

这些暴力行为在现行以结果论的刑法归责原则下，是很难被追究的，即使能够追究，刑期也不高。

对于暴力滋扰行为，很少根据次数判定入罪标准，这就与侵财类犯罪形成鲜明对比。

既然刑法认为多次盗窃可能引发公众在安全感方面的恐慌，那么多次伤害不是更能引起这种恐慌吗？

因此，我还是认为应该考虑根据暴力行为次数确定入罪门槛。在刑法没有修改的情况下，对于已经构成犯罪的暴力性行为，应该慎重适用不捕不诉措施，以体现从严的立场。

对此，有必要参考毒品犯罪的特别前科制度，建立暴力犯罪的特别前科制度，对于实施暴力犯罪屡教不改者，适用更加严厉的刑罚措施。

对于多人多次暴力犯罪，手段残酷的，应该与单人偶发性的暴力犯罪有所区别。比如在认定暴力犯罪入罪标准时，充分听取公众意见，通过采取问卷调查、访谈的形式，将公众所关心关注的暴力犯罪形式、方法、手段、情节纳入暴力犯罪的刑法体系之中，从而使之不断趋于完备。

相反，对于财产类犯罪，在犯罪圈划定的时候应该更加谨慎。

总体来看，宽严相济的严应该剑指暴力犯罪，尤其是多人的、频繁的、不特定的暴力犯罪。应该考虑扩大其犯罪圈，在捕诉政策和缓刑政策上应该从严把握。

除了伤情严重程度之外，还要充分考虑手段、情节、环境以及对公众安全感的影响，作为判断罪与非罪，作出捕诉判断和刑罚裁量的依据。

对于任意的暴力，绝不轻易宽恕。

暴力犯罪的羞辱性

前文提到,暴力犯罪在轻罪领域应该考虑从严。

但是暴力犯罪的危害性到底体现在什么地方,它与侵财犯罪到底有什么区别?

我们都知道暴力犯罪很可怕,它真正可怕的地方在于羞辱性。

那就是:我就打你,怎么了!

相比之下,偷盗往往是暗中进行的,虽然也很烦人,但是没有那种不由分说的强制性。

如果是:我就偷你,怎么了!

那就有可能是抢劫了,也就是包含了暴力色彩,此时往往就不是轻罪,而是重罪了,刑期起点就是三年以上。

之所以是重罪,可能是考虑侵犯了双重法益,也就是财产安全和人身安全。

但有时抢劫的暴力程度未必高于伤害的暴力程度。抢劫有时候只是威胁,未必真打,也未必都拿凶器。但是伤害一定是真打,而且必须把被害人打到一定程度才能构成犯罪。也就是构成轻伤才算构罪,而起刑点却是三年以下。

而且还有一种情况是,轻伤可能要打很多下,也就是反复地施加暴力才能达成。有时候虽然已经很暴力了,但是由于致伤部位等原因,未必能够构成轻伤。虽然没有轻伤结果,但绝不意味着打人的行为不暴力,甚至不但行为是非常暴力的,而且还会把人吓坏。这个吓坏就是精神方面的伤害。

但是现在暴力犯罪的归责原则不考虑精神伤害,只考虑肉体伤害。

这种通过直接施暴给人带来的精神恐惧,以及其延伸——羞辱:就打你了怎么着!就在人多的地方打你!而且还当着亲友的面打你!刑法统统都没有考虑进去。

这些暴力的羞辱性所带来的危害，绝对高于抢劫。

带有人格羞辱性的伤害，同时侵犯了人的身体健康和心理健康。当然，有人可能认为，这两个健康因为都是人的，所以都可以归类于人身，所以伤害行为侵犯的仍然是人身权这一个法益。

但是如果我问：你的心理健康和人格尊严难道还不如财产重要吗？

你会怎么回答？

所以，从这个意义上讲，不管怎么归类，羞辱性施暴所侵犯的法益一定是复杂的，而且在现实中一定是比抢劫罪侵犯的法益还要重要。

也正是基于这一点，我认为羞辱性施暴应该确定为重罪，而不是轻罪。

那么，应该如何区分哪些是羞辱性施暴，哪些不是羞辱性施暴呢？

一般情况下，邻里纠纷这种熟人之间、事出有因的肢体冲突，就不宜认定为羞辱性施暴。

因为这种行为有特定的目标和原因，不是随意性的，羞辱对方不是主要目的。

就以我小学的经历为例。同学之间经常由于一些小事产生了冲突，老师不在的时候就打起来了。这个就类似于邻里纠纷，这种打是就事论事的打，打完了还是同学。

但有些打就不一样了，比如学校中有些同学要"立棍"，也就是要在学校里树立暴力权威：想打谁就打谁，而且别人还不敢反抗的权威。

这种为了"立棍"，也就是称王称霸的打，就带有一定的羞辱性。

打你就是要让你明白，你不敢挑战我的权威！如果你敢挑战，我就往死里打，从而起到"杀鸡儆猴"的效果。

打你不是因为你惹我了，而是让你"臣服"。怎么表明你"臣服"了呢？那就是男的被打了不敢还手，女的被调戏了不敢声张。显然这两者就都具有羞辱性。

而正是这种羞辱性的攻击、挑衅，才能满足"立棍"者的扭曲心理，让人觉得他不可一世，让他感到自己可以为所欲为。

任何人想要阻止其行为，他一定要更加疯狂地羞辱和施暴，这样才能巩固他的权威。

这种行为给当事人和公众带来的恐慌感、恐惧感，要远高于一般的抢劫罪。

将羞辱性施暴行为和普通伤害行为区分开来评价，一定要注意二者的区别。

普通伤害行为大多数是就事论事，很少有除伤害目的之外的其他违法目的。

普通伤害行为的实施者，并不是经常性地、随意地对人施加暴力，其实施伤害行为的次数是非常有限的，目标是特定的，伤害的人员也是有限的。

相比之下，那些经常纠集不少人，见人就打，对方稍有反抗、稍有表示不顺从的意思就打的，其目的就是树立违法权威，也就是在"立棍"。

他们要创造自己可以为所欲为的环境，任何人提出异议都是他们所不能容忍的，在这个施暴者为所欲为的环境中，其他人没有尊严可言：要么是默不作声没有引起施暴者的注意；要么是引起了施暴者的注意，施暴者对其进行骚扰。

这种引起注意的原因，可能就是碰了一下，瞅了一眼，也可能是因为长相漂亮，而不愿意接受调戏。但是这就不行，这就违背了"立棍"者树立的非法权威。

为了维护这个非法权威，必然要施加暴力，而且必须以羞辱性的方式实施：一是给被害人以深刻的教训，让其认识到挑战的谁，而这个谁是不可挑战的；二是让其他人看看，这就是反抗的下场。

打得越夸张、越暴力，羞辱的程度越严重，越是能够给围观者以深刻印象，从而发挥恐吓公众的效果。

因此，暴力和羞辱其实是具有宣示性的，就是让人看的，让人口口相传，从而在更大的范围内树立起违法权威。

再到别的场子去的时候，都可能提及之前所谓的"战绩"，让人"闻风丧胆"，从而让其非法权威的边界得以扩展。

有些时候只要引用暴力和羞辱的故事就够了，让大家联想起来那一个晚上，那几个人的恶行，而这些恶行既没有被阻挡，也没有被追究。

所谓的"提我好使"，在江湖上有"诨名"，都是这种负面传播效果。

这里既有司法追究不及时的原因，也有刑罚设计中缺少对人格羞辱性和精神损害性等多重法益的必要考量的原因。

与精神和人格相比，财产具有很强的可修复性，也就是可以再把钱赚回来。

但是精神受到损害、人格受到羞辱之后，那将是不可逆的伤害，是极难得到修复的，甚至比身体受到损害还难以修复。

总结起来就是羞辱性暴力的施暴者也具有更强的反社会性和社会危害性。因此将羞辱性伤害行为作为重罪行为予以评价是适当的，也是迫切的。

犯罪黑数

犯罪黑数就是已经发生,但没有被查实、追究,游离于官方统计之外的犯罪数据。也正是因此,才称之为"黑数"。它是黑暗中的一组数据。因为它是犯罪数据,称其黑暗也不夸张。

那么,什么样的犯罪会成为警方发现不了的黑数呢?

比如强奸罪,但被害人没有报警,那么警方当然不知道有这个强迫的性行为。再比如诈骗罪,如果被害人不报警,警方就很难掌握一手线索。

那这是不是谁也怪不着了?

这就要看为什么不报案,不报案的原因是什么,是不是被害人有难言之隐。

是羞耻心,害怕自己的名誉受损;还是根本上就对司法公正存在怀疑,不相信坏人能被绳之以法,害怕被打击报复?

如果是后者,就不能说和社会没有任何关系。

这说明揭露犯罪、惩罚犯罪的力量还不足够,正义还不是那么容易伸张。

还有一些犯罪组织机构非常庞大,很多大头目都是在其他地方,甚至国外遥控指挥,警方既很难抓获其本人,也很难有证据直接指向他们。电信网络诈骗、跨境赌博、非法吸收公众存款等就属于这类犯罪。

这就更加显得打击力量不够强大,也即通过大数据挖掘犯罪的能力不够强,不能够及时、准确地将他们从人堆里挖出来,让他们可以从容地转移地点、转移赃款。

很多时候,也有图省事的原因。比如一个案子办了,虽然不少主犯还在逃,但是这个集团或者这个组织毕竟是办了,对外界来说就好像这个案子在整体上办完了。

对于那些在逃的主犯，并没有谁一直盯着这件事儿。

很有可能的就是主办的司法官离开工作岗位之后，就没有谁再管这件事儿了。

对于后来的人而言，这是别人吃过的馍，就不香了。宁可另起炉灶，也不愿意管别人办剩下的案子。也就是说对于延续地追究剩余犯罪嫌疑人的工作，并没有制度性的安排。

即使是网上追逃，一旦没有及时启动，换了人就可能忘了这些所谓的"琐碎的小事"了。

而忘了之后，也没有说要承担相应的责任，所以也就失去了盯着的压力和动力。也就是从制度层面并没有激励、倒逼司法人员发现犯罪黑数的相应安排。

我们先不提那些完全无从知道的犯罪，就是那些与当下正在办理的案件直接关联的剩余犯罪，也有相当一部分没有认真挖掘。

那些被我们遗忘的案件，很多都是发现黑数的动力。

为什么对发现犯罪黑数没有那么强烈的动力呢？因为犯罪黑数是隐于幕后的，即使不发现也没人知道。这样一来，发现犯罪黑数就等于非必要劳动。从这个意义上来说，司法工作一定程度上还是满足眼下的硬性任务，一定程度上还是缺少全局观和长远持续工作的动力，发现犯黑数的意愿不足。

这是意愿问题，也是能力问题。我们也可以刻意锻炼这方面的能力。

总之，虽然有各种客观上的原因，但归根结底还是主观上的积极性不足。

这个积极性从本质上来说就是超额完成司法任务之后，收益到底由谁获取。

如果越干活越多，问题越多，而收益并没有任何的增加，那就会导致没有人愿意投入挖掘犯罪黑数的工作之中。

不解决司法领域的按劳分配问题，就不能调动挖掘犯罪黑数的积极性。

这就像不能解决剩余粮食的分配，就不能解决出工不出力的问题一样。

挖掘犯罪黑数，其实就是一个完善司法领域按劳分配的机制的过程。

警惕收押反制羁押

在宽严相济的推进过程中，要警惕一种现象，那就是收押反制羁押。

收押反制羁押的意思就是，有些法院在特殊时期碰到收押困难，也就是取保的案件，如果想判处实刑，送不进看守所，人家就是不收。

我们知道，能在看守所里服刑的一般都是短期自由刑，还有一些是要先决定逮捕再下判的。

面对这种实际困难，法院协调不了公安，就是送不进去，产生了客观困难。在这种情况下，法院就给检察机关施加压力，那就是诉前尽量不要取保，诉前尽量要羁押，这实际上正好是与宽缓化反过来了。

尤其是对于一些有可能判处实刑的，法院更是强烈要求诉前羁押。

强制措施的目的在于保障诉讼顺利进行，不能与判实刑画等号，并不是判实刑的就要一律羁押，只要被告人不会跑，不会再犯罪，不干扰诉讼顺利进行，也就没有羁押的必要性。

强制措施不是惩罚措施，这是它与刑罚的根本区别。

因此，完全没有必要因为要判实刑就进行诉前羁押。

而且诉前羁押的决定权也并不由审判机关掌握，而是由检察机关掌握的。

事实上，收押有问题就应该解决收押的问题，不能因为解决不了收押问题就变成一律诉前羁押。

但客观上就是协调不了收押的问题，也就是审判机关协调不了公安的事。但审判机关还是可以和检察机关协调的，因为检察机关与审判机关距离更近，受其牵制更多。

检察机关有很多地方还是需要审判机关配合的，比如案件受理，量刑建议采纳，案件是撤回还是判无罪，以及办案的节奏等，所以审判机关对检察机关的影响力更大。

如果审判机关真开口协调了，很多检察机关也不好不配合。而且不就是多羁押吗，也不算什么大事。

这就与宽缓化的政策相悖。

因为这些需要协调的都是最轻微的案件，都是本不该羁押的案件，都是最需要少捕慎押的案件。

比如危险驾驶的案件，仍然有刑拘直诉的，将刑拘三十天分别作为审查起诉和审判的强制措施，不惜公然违背刑事诉讼法关于延长刑拘三十天的规定，而且刑拘作为提请逮捕前的临时羁押措施是不应作为后续羁押措施的，否则就相当于代替了逮捕措施，绕开了长期羁押的检察审查权和司法审查权，这是与法律基本原则相悖的。

这样搞刑拘直诉直审，虽然不用操心收押的事了，但是明显与危险驾驶作为只有拘役刑罚的轻罪设置不协调。

这是一种为了图方便而公然违背比例性原则的做法，变相地侵犯了当事人的合法权益。

因为诉前羁押会更多地导致实刑，判缓刑的概率必然降低。如果没有羁押，就会顺理成章地判处缓刑。

当然，也有人会问，既然收押这么难，为什么不多判缓刑呢？这不也能解决一些问题吗？

的确，个别案件确实也有判处实刑的必要，也不是所有不羁押的被告人都适合判缓刑。

但很多时候，即使判实刑，诉前也没有羁押的必要。而且大多数案件不仅不应该羁押，也不应该判处实刑。那么为什么法官不愿意判缓刑呢？这里面的障碍在哪？

这里既有理念问题，也有责任问题。

从理念上看，虽然宽缓化政策已经不是检察机关一家的事了，很多地区的公安机关也跟着动了，但是相较而言法院跟着动的还是很少。

部分法官好像对宽缓化没有那么感兴感，没有跟着想多判缓刑，量刑轻缓什么的，也就是并没有那么在意。

这是近年来的一种现象，好像检察机关提出的刑事政策，法院都不是那么愿意跟进。反而是在重判上下的功夫多，在狠上、严上下的功夫多。

也就是检察机关这两年讲谦抑讲得比较多，法院讲重刑讲得比较多，有点重刑主义的味道。

而判处缓刑显然是与重刑主义的倾向不一致的，因此就当然要慎之又慎。

所以宽缓化的刑事政策其实并不包括刑罚轻缓的内容，它只管诉前这一段。

在这方面，部分法官没有完全认同，不但没有配合行动，甚至反其道而行之：你不是以不羁押为原则吗，我现在就要求你原则上羁押。

当然，不同地方的情况也不太一样。也不是哪个地方的收押都协调不好；也不是哪个地方的法院都倒逼检察院多羁押；即使法院倒逼，也不是所有的检察院都配合。

此外，还有一个责任问题，那就是判缓刑对法官来说风险比较大。

缓刑的适用条件很明确，那就是对于被判处拘役、三年以下有期徒刑的犯罪分子，同时符合下列条件的，可以宣告缓刑，对其中不满十八周岁的人、怀孕的妇女和已满七十五周岁的人，应当宣告缓刑：（1）犯罪情节较轻；（2）有悔罪表现；（3）没有再犯罪的危险；（4）宣告缓刑对所居住社区没有重大不良影响。

其他条件都好说，有一条是最不好掌握的，那就是没有再犯罪的危险。

"没有"的概念是非常绝对的，那就意味着只要判缓刑之后再犯罪了，就说明当时的缓刑判错了。

我想问的是，人心隔肚皮，谁敢断定这个人就一定不会再犯罪？谁敢打这个100%的包票？

如果不敢100%地保证不会再犯，那就不太敢判缓刑。因为判了缓刑就意味着给自己挖了一个坑，只要这个人再犯罪了，法官就掉坑里了。判的缓刑越多，那再犯的可能性就越大，自己掉坑里的可能性也就越大。

当然，法律规定是理论上的要求，归责的时候还要看法官怎么裁量。

如果机械地追究法官的责任，以结果归责、唯结果论，只要再犯就要找法官的麻烦，进行内部惩戒，那么判处缓刑的法官就会时时自危。

因为法律上确实规定的是"没有再犯罪的危险"，法官判的缓刑，现在这个人犯罪了，就拿法官试问：当初是怎么判断的？现在都再犯罪了，你怎么能说他没有再犯罪的风险呢？

法官怎么反驳呢？

法官说："我怎么想得到，人不会变吗？"这样也没有用，而且还会被批评态度不好。

法官怎么办？少判缓刑就是了。

少判缓刑是一种明哲保身的行为，是在规避司法风险，这也是司法风险倒逼的。

因为判处实刑之后，他再犯什么罪都和法官没有关系了，即使他就是跟狱友学坏的，他就是对判处实刑不满想报复社会而再犯罪的，也没有人追究法官的责任；他就是出去杀了人也跟法官没关系了。

也没有人质问法官：这个案子当初到底有没有判处实刑的必要？如果判处缓刑让他融入社会改造效果是不是会更好一些？

没有人会这样问，也不会有人这样归责。

只要判处实刑，就万事大吉了，就完全不用承担任何责任了。

这样一来，让法官怎么选呢？

其实宽缓化本身也意味着承担一定的风险。回头倒查的时候查什么？查的都是宽缓化的案子，羁押起诉的往往没责任了。

这也是为什么有些检察机关会愿意迁就法院诉前羁押了，因为诉前羁押对它们而言没有增加风险，反而是减少了风险，这也是法检能够配合的内在原因。

上述责任问题，又一次说明，虽然我们的刑事政策调整了，但很多配套措施并没有配套调整。

那些监督、检查、评价的制度机制秉持的理念和依据还是传统的老一套，还是构罪即捕、凡捕必诉以及重刑主义的老一套。

凡是符合这个老一套的就没有责任或者责任很小，凡是与这个老一套不一致的就要冒很大的风险。

因此，虽然政策调整了，但是配套的制度机制不调整，那么政策执行的内生性动力就不够，司法机关整体上就缺少共同的动力。

因此，不仅是收押反制羁押的现象应该警惕，这个现象背后的根源更应该警惕。

从实际出发

好像不管什么事,都可以用"从实际出发"这句话作为理由。

我们在讨论收押反制羁押的问题时,有人就会说这是"从实际出发"。既然收押不好收,那羁押一下不是很应该吗?这不就是从工作实际出发吗?

我想问的是,这是从谁的工作实际出发?

不好收押,就解决不好收押的问题,凭什么非要把收押和羁押画等号,还觉得这是天经地义的?

这个"从实际出发",是从自己的工作方便出发,还是从保障当事人的人权角度出发?

一个不应当被羁押的被告人,不羁押就是其合理预期的利益,凭什么说剥夺就剥夺,剥夺之后还说这是"从实际出发"?

从实际出发就是可以任意剥夺别人本不应该被剥夺的利益吗?

受了强制部门的欺负,就开始欺负当事人,这就是"从实际出发"吗?

从实际出发,就是司法任性,任意违背程序规定、违背比例性原则吗?

如果这就是从实际出发,那么我认为这个实际其实只是一种非常狭隘的私利,以一种只图自己方便不管别人死活的自私心理,也是一种自以为是的、高高在上的道德优越感。

这些见不得光的东西就用"从实际出发"这一句话冠冕堂皇地掩盖了。

这里边裹了一种司法恶意。也就在碰到一些司法难题的时候,往往不是想着怎么解决问题,而是先把当事人的利益牺牲掉。

司法机关之间处理不好问题的时候,在不太好沟通协调的时候,也还是先把当事人的利益牺牲掉。

还有人将这种任意的牺牲叫作从实际出发。

如果你是家长,在生活中有一些困难需要克服的时候,或者社会关系处理不好的时候,你会怎么选择?

你会首先选择将自己孩子的利益牺牲掉吗?

显然不会,因为你非常看重孩子的利益。正常的家长,往往是苦了谁也不能苦孩子。

因为孩子跟你有血缘纽带,你愿意为他们付出。

与朋友交往的时候,我们遇到困难,或者涉及利益选择的时候,够朋友的人,肯定是在有好处的时候先人后己,有困难的时候先己后人。

敢于担当,愿意分享,才是值得交往的朋友。只是知道占便宜的人,是没有人愿意与他交往的。

这个道理在同事之间也是一样的,利他主义是一种美德。即使我们不能做到利他主义,至少也要懂得与人为善,不能以牺牲别人利益的方式换取自己的利益。

不能损人利己这是道德底线。

而以羁押的方式还换取收押便利,就是一种损人利己的做法,是违背道德底线的,更是不讲道义的司法背德行为。

一律羁押,办案人员是方便了,但是牺牲的凭什么是人家被告人的利益?为什么不是办案人员个人的利益?

你在渴望便利的时候,凭什么要求别人作出牺牲?

难道损人利己是从实际出发的真谛?

损人利己可能在眼前来说确实是个人利益的最大化:自己不作任何牺牲,但期望得到全部利益,至于别人付出了牺牲,谁在意呢,甚至都没人领情,获得利益的人还以为自己很聪明。

聪明体现在哪呢?那就是牺牲别人去换取自己的利益了,这种方式非常灵活、是有手腕儿的。

这不是从实际出发,而是市侩和卑鄙,或者说是不择手段。

如果这也是从实际出发,我宁愿不从实际出发,至少我不希望因为我的实际利益而践踏别人的实际利益。任何人都没有这种权利。

我们说的从实际出发，应该是与有关机关认真协调，在特殊情况下如何对收押作出一种恰如其分的制度性安排，这叫作从实际出发。

至于其中沟通不畅的问题，任何人都没有权利让别人买单。是否需要被羁押，是有一套制度标准的，刑事诉讼法规定得很明确，对有证据证明有犯罪事实，可能判处徒刑以上刑罚的犯罪嫌疑人、被告人，采取取保候审尚不足以防止发生下列社会危险性的，应当予以逮捕：

（1）可能实施新的犯罪的；

（2）有危害国家安全、公共安全或者社会秩序的现实危险的；

（3）可能毁灭、伪造证据，干扰证人作证或者串供的；

（4）可能对被害人、举报人、控告人实施打击报复的；

（5）企图自杀或者逃跑的。

批准或者决定逮捕，应当将犯罪嫌疑人、被告人涉嫌犯罪的性质、情节，认罪认罚等情况，作为是否可能发生社会危险性的考虑因素。

对有证据证明有犯罪事实，可能判处十年有期徒刑以上刑罚的，或者有证据证明有犯罪事实，可能判处徒刑以上刑罚，曾经故意犯罪或者身份不明的，应当予以逮捕。

被取保候审、监视居住的犯罪嫌疑人、被告人违反取保候审、监视居住规定，情节严重的，可以予以逮捕。

这些规定非常明确，可能判处徒刑以上刑罚，这是一个基本的刑罚条件，比如危险驾驶罪的最高刑罚只是拘役，就不符合逮捕最低的刑罚条件，因此是不应该适用逮捕措施的，也不能通过违法适用刑拘三十天，然后公检法一同使用的方式，变相替代逮捕。

只有十年以上的重罪，才是原则上要适用逮捕的，其他轻罪并不是原则上要适用逮捕的。如果逮捕，还必须满足前述特定的条件，这样才有逮捕的必要性。

实践中绝大多数案件，都不具备这五个方面的社会危险性条件。而十年以上的重罪，只占到非常小的比例，也即绝大多数的犯罪都是轻罪。

这就意味着大概有90%的案件其实都是没有羁押必要的。

这也是国家为什么要推行少捕慎诉慎押的刑事司法政策的原因。

在这个前提下，不羁押应成为一种原则，也是被告人合法的预期利益。

当然，我们知道在一小部分案件中虽然不羁押，但有可能要判实刑，比如有前科，但这个比例也非常低。

实践中更多的是既不应该羁押，也不应该判处实刑的案件。审判机关基于巨大的惯性和对司法责任的担心而非要判处大量的实刑，从而导致更多的羁押。

这个更多的实刑需要，与更多的不羁押，在收押问题上就造成一些现实的困难。这个困难就是在收押不容易的情况下，判处实刑没有以前那么方便了。为了自己更加方便地判处更多的实刑，所以请更多的羁押吧，而不是什么慎押。

这就不仅是损人利己了，而且是通过损人的方式更加损人，谋取的是落后的、不道德的利益。不仅仅是让当事人为自己的方便买单，而这个方便本身就是极不合理的。

在这种情况下，将检察机关配合提高羁押率当作从实际出发，就是要求检察机关配合其维持落后的高实刑率，而且这个高实刑率还要以牺牲当事人不羁押利益为代价。

这是一种双重损人利己的行为，或者叫重复加害。将这种重复损害包装成从实际出发，就显得更加没有底线了。

有人可能不太理解，纠缠于这个不羁押到底有多大的意义，反正这些人是犯了罪的。

先不说这种理解本身就存在有罪推定的色彩，就说这个不羁押有多大的意义。我要说，这个不羁押意义大了去了。

简单来说，它可以让嫌疑人、被告人与社会关系不脱节，这样就不会让他们马上"社会性死之"。它可以让嫌疑人、被告人继续工作和生活，不仅让他们的心理不崩盘，也让他们的家人朋友心理不崩盘。

他们的朋友圈还可以正常更新，他们和客户、工作伙伴的工作联系可以继续进行。

如果他们关进去几个月，再试试，可能很多朋友都把他们拉黑了，即使他们无罪出来，社会关系也无法挽回了。

在不羁押状态，他们就可以寻求最佳的法律帮助，也可以随时跟律师见面，这在羁押状态下是做不到的。

他们在与生活网络、社会网络和法律帮助网络没有脱节的状态下，法律防御能力也是最强的,是有可能获得公正司法处理的。

这就意味着不羁押率更加有利于司法公正,更加有利于平等保护。

不羁押对控方是不利的,但对庭审实质化有利,也不知道为什么审判机关这么反对,好像是对庭审实质化和以审判为中心的诉讼制度改革完全没有太多的期待。

而且不羁押也必然可以追求更加宽缓的司法处理,包括不起诉、缓刑、单处罚金或定罪免刑,等等。

这些非监禁刑就可以让犯罪人维持一个完整的社会关系不断裂,这对于一些轻罪犯罪人来说是最好的回归方式,让他们能够在不脱离社会关系的情况下,通过社区矫正的方式进行教育改造,从而能够确保其不会"社会性死亡",让他们能够重新做人,最大限度地减少刑罚的负面作用。

通过不羁押的方式,还可以让犯罪人之间避免交叉聚集,让他们无法从相互的犯罪经验中学习新的恶习,也就是最大限度地避免了犯罪交流。

一个人犯了罪,并不等于他的家人和朋友也是罪犯,但是一旦关到看守所里,那就真的掉到染缸里去了,因为这些狱友,很多可是真的犯过罪。

交上这样一批朋友,以后走到社会上,他受到犯罪引诱、感染的概率就会增加,也就增加了加入新的犯罪群体的渠道和门径,而以前他根本就没地方了解这些。

这就是短期自由刑的交叉感染问题。

我们不愿意羁押不是滥施同情、做老好人,而是羁押确实存在很多副作用,不羁押确实有一些有利于犯罪预防的地方。

我想,目前轻罪原则上不羁押才是真正的从实际出发。增加轻罪羁押的做法,才是违背司法规律的。

判实刑就一定要羁押？

最近在讨论收押反制羁押的时候，有一种观点好像有一种不证自明的正确性，那就是实刑就应该羁押。

我倒不认为这是一种天然合理的观点。

虽然曾经有一段时间大家都习以为常了，但习以为常并不等于正确。就像构罪即捕、凡捕必诉一样，实刑羁押也是亟待破除的落后司法观念。它实际也是机械执法和重刑主义的体现，它背后是高高在上的司法优越感。

构罪就要捕吗？捕了就要诉吗？捕了诉了，好像是方便了、省事了，也体现了打击的严厉性，但权利保障就忽视了。过多的羁押会使嫌疑人提前与社会脱节，导致其"社会性死亡"，也就是用羁押的方式提前把人"毁了"。

不羁押就是避免提前"社会性死亡"，避免提前被"毁掉"，同时还能保障辩护权更加充分的行使，总体上是更加有利于司法公正的。

现在因为要判实刑，就要羁押，相当于上来就让犯罪嫌疑人的社会网络中断，上来就让其"社会性死亡"，所以要慎之又慎。

如果非要判实刑不可，非要导致其"社会性死亡"也没办法，但是能不能不要让人家提前"社会性死亡"？也就是实刑没判之前，没有必要提前执行。

这个着什么急呢，是觉得影响诉讼顺利进行，不方便审判吗？

但人家没有跑啊，整个诉讼过程中随传随到，一点也没有影响司法工作。

在现代社会，谁会因为轻罪轻易隐姓埋名流落他乡呢？

就像没有人会因为醉驾几个月的刑罚而逃亡一样。

其他三年以下的轻罪的嫌疑人也很少听说有逃亡的。重罪嫌疑人确实可能存在逃亡的情况，但轻罪嫌疑人逃亡的可能性的确是极小的。因为不值得，最多也就判刑三年，一旦逃亡，要逃多少年？逃到哪里去？

而且现在是网络社交时代，每个人都被有形和无形的社交网络捆绑住了，根本逃不开。除非将自己所有的社会网络都抛弃，但这基本是不可能的。

现在的人离开社交网络很难活下来，这极大地降低了嫌疑人、被告人逃跑的概率，也就是在不羁押的情况下，轻罪案件的诉讼完全可以顺利进行。

即使法院就是要判实刑，检察院也是这么提的量刑建议，人家也不会跑。在不会跑的情况下，凭什么把人家提前抓起来？

逮捕是有条件的，刑事诉讼法关于逮捕条件的规定实际上建立了两个原则：一是十年以上重罪的原则上要逮捕，这才是构罪即捕，但构成的要是十年以上的重罪；二是十年以下罪行的是有条件的逮捕，只有具备社会危险性的才逮捕。

对于刑期在十年以下，没有社会危险性的，刑事诉讼法其实没有明确规定，既没有规定捕，也没有规定不捕。也就是说是可以捕，也可以不捕。

在这种情况下，捕或不捕就体现了一种价值选择。

在羁押不是必要的情况下，要不要羁押？羁押对人家有伤害，但对办案人员没有伤害只有便利，这个事应不应该干？

主张构罪即捕的人认为应该干，主张实刑羁押的人也认为应该干。

但依据少捕慎诉慎押的原则，就不应该干，从立法的体系性来解释，其实也不应该干。

十年以上才是"应当"逮捕，这也就意味着十年以下只是"可以"逮捕，这里体现了一种权衡。

这个权衡在十年以下三年以上的犯罪中还可以犹豫一下，三年以下的犯罪几乎都不应该有什么可犹豫的，就是尽量地不捕、不羁押。

前文分析了，一方面，现在的轻罪嫌疑人、被告人，不羁押他们也不会跑，而且也跑不了，这个羁押的必要性就失去了。另一方面，羁押的伤害却因为社会网络进一步放大了，进而对嫌疑人、被告人的社会网络产生不可逆的伤害。

这就是当下的社会现实，因为社会网络让人无从逃亡，在这种情况下，没有必要对这些脆弱的轻罪实施者给予致命打击。

通过羁押造成的"社会性死亡"就是对人家进行的致命性打击，而这是完全可以避免的伤害。既然伤害可以避免，就没有必要施加；非要施加的，就有可能是任性和不负责任。这是对当事人的"社会性死亡"不负责任，是对当事人能否充分行使辩护权、能否获得司法公正不负责任，是对犯罪人能否重新融入社会不负责任，是对改造结果不负责任，是对可能造成的社会风险隐患不负责任。

羁押除了能为诉讼带来一点点便利，还能带来什么？

它给当事人带来的可能是巨大的灾难。

难道为了办案人员的一点点便利，就要给人施加灾难吗？

谁给的权力？

我们知道，羁押和判处实刑的条件有着很大的不同，前者是刑事诉讼法规定的，后者是刑法规定的。

不羁押也完全可以判处实刑，不存在法律上的障碍。不羁押的适用范围更大，缓刑的适用范围相对窄一点。

累犯不得适用缓刑，但取保候审没有这样的规定，实践中更多的不是累犯，而是普通的犯罪人。对于这些普通犯罪人，我们怎么看？

是不是因为要判实刑，就要先行羁押？

是害怕他们跑了吗？以前可能是，现在我们也知道他们根本不会跑，也跑不了。

现在我们面对的困难只是：不羁押的实刑，检察院要自己送监；而羁押的实刑，检察院就不用管了。

这才是问题的关键，有时候送不进去，不好协调，长期送不进去，办案人员还要担风险，至少这也是一种工作压力。

我们不愿意承担这个"额外"的工作压力，因此就想把它转嫁给别人，要求提前羁押了，这样就不用管了，想判缓刑也行，想判实刑也行，多方便啊。

这个关键就是方便——根本不是应不应该的问题了，只是方不方便的问题。

而且这个不方便还不是法律障碍，只是工作障碍，并不是完全不能解决的，只是不愿意解决而已。

工作不顺畅，就拿当事人的重大利益做牺牲，这是不道德，也不是树立司法公信力的良好方式。

我们没有权利为了自己的一点方便就给别人施加灾难。

凭什么不羁押不收案?

收押反制羁押的主要方法就是不羁押不收案。

我们知道,被告人是否在案是案件能否受理的条件之一,这个受理条件在检法受理案件上是一致的,检察机关受理侦查机关移送审查起诉的案件的时候,也要审查嫌疑人能否到案。

这一点无可厚非,但我们不能滥用这项权力。

实践中,随着宽缓化的普及,取保直诉的案件越来越多,检察机关并没有因此不收案,也并没有要求不羁押不收案。

为什么到了审判机关受理案件的时候,就一定要求不羁押不收案了呢?好像取保候审就保障不了诉讼顺利进行似的?因此,取保不到案仍然是一个伪命题,图方便才是真命题。

一个人在侦查环节、审查起诉环节都没跑,独独在审判环节就跑了?

虽然有极小的概率会有不到案的情况,但这种情况真的是极少的。

为什么侦查机关都想开了的事,审判机关却想不开呢?

以审判为中心的诉讼制度改革推进艰难,有时细究原因,并未外力使然,而是内里使然。

当法官思考的不是如何能够保障被告人的辩护权,如何能够让被告人在更加宽松的情况下行使自己的权利,而只是思考如何让自己的工作更加方便的时候,那么所谓的司法公正一定是没有指望的。

从来不会有将自己的便利凌驾于当事人的诉讼权利之上的司法公正。这不是司法公正,而是执法恣意和司法优越感。所谓不羁押不收案,只是一个冠冕堂皇的借口。司法解释确实规定,审查受理要审查被告人是否在案,如果不在案要退回给检察机关。

但是如果第一次打电话没打通,就认为是不在案;或者几秒钟不接电话就认为是不在案,那就是十分霸道和任性的了。

也许当事人正在开车,也许当事人只是没听到,如果这就算不在案了,那也太随意了。

当然,有些地区有了非羁码,就减少了一些不受理的借口,因为毕竟有一个系统能够实时监控被告人是否在案。

但是非羁码毕竟没有普及,难道没有非羁码就一定无法保证诉讼顺利进行了?

非也,我觉得法律人的同理心就包括一份耐心。打电话至少要多打几遍,或者如果自己联系不上,就要求检察机关联系一下,然后让当事人给法官回电话这样也可以。如果这些事情都不做,就是一个"不收案",那就有点故意了。

这是醉翁之意不在酒。

他们在意的并不是当事人在案与否,而是在押与否。最终还是为了收押方便,也即还是为了自己的方便。

但如果法官就是因为不羁押而不收案,又能怎么办呢?

我觉得可以从几个方面解决这个问题。

1. 对于非法不收案的行为,提出监督意见

当然,法官不收案,也肯定有他的原因,比如说他打了电话,但就是没人接。

如果是当场拒绝收案,送案的检察官可以当场再拨通被告人的电话,并开免提进行当场确认。

为了保证送案时能够打通电话,建议检察官在送案时提前与被告人联系,进而确保电话能够及时接通。

在整个当场受理的过程中,检察官可以佩戴执法记录仪记录,对法官拨打电话和检察官拨打电话的过程进行记录。

如果法官拨打时间较短没有接通,检察官拨打后能够接通,并在电话中能够保证到案的,应该要求法官受理。法官仍然当场拒绝受理的,要向其讲明违法不

受理的后果，并根据实际情况发出检察建议和纠正审理违法通知书，同时附上受理案件的录音录像资料。

同级监督不畅的，可以提请上级人民检察院进行监督。

对于当场受理，但审查受理期限之内以不到案为由退回的，在接收退回案件时，应该先进行电话确认，如果可以确认当事人能够到案的，检察机关应当拒绝接受退回案件，并要求审判机关依法受理，对仍然拒不受理的应该采取监督措施。

超过审查受理期限，仍然要求退回检察机关或者要求检察机关撤回起诉的，应当予以拒绝，并要求审判机关依法处理。

在这个问题上，检察机关的案件管理部门是监督前沿，要能够顶住压力才行。

2. 开展执行监督，帮助审判机关解决收押不畅难题

不得不承认，审判机关也有收押不顺畅的苦衷，而且在解决问题方面也缺少一些必要的措施和渠道。检察机关对刑罚执行也负有监督职责，对于看守所应当收押而不收押的违法做法，检察机关也应该予以监督。

这个问题的解决不能只靠审判机关一家推进。收押不顺畅，难受的主要是法院，检察机关的感受不明显，所以常常认为这不是检察监督的重点。

但是通过法院的反制，检察机关也难免会跟着品尝这种不利后果。

因此，任何违法行为如果不监督、不解决，它影响的一定不是某一个单独的机关的利益，一定是整个诉讼制度上的利益。刑事诉讼其实是一个产业链，是牵一发而动全身的。

因此，检察机关下功夫解决收押难题，不仅仅是为法院出头，也是在为贯彻执行少捕慎诉慎押扫清障碍。

如果法院能够顺利实现送交收押，那么它也就没有必要在羁押的问题较劲了。

这是一荣俱荣一损俱损的。

3. 法律监督需要融合履职

最近说的收押反制羁押，有碍宽严相济政策落实的问题，即使在检察机关内

部，往往也是刑事检察部门着急，或者是刑事检察部门中那个牵头政策落实的部门着急。

其他部门并没有那么着急，感觉好像不是自己的事。

通过最近的分析，我们发现，这个问题只靠刑事检察一个部门是很难解决的。因为刑事检察部门不能决定自己收案的问题，它也不能对刑事执行开展监督。这两个领域的工作都需要其他部门共同的配合。

因此，检察机关在开展法律监督的过程中特别需要融合履职，需要劲儿往一处使，实现全链条的监督联动。

解决收押反制羁押，看起来好像没什么好办法，但是只要相关检察部门一起上，就能够形成一套监督的组合拳。

让违法的、任性的不收案寸步难行：对于违法不收案也可以进行监督，而且我们还可以固定违法证据，做到在监督上有理有利有节，让案管部门不仅能够对内监督，还能够对外监督。

检察机关的职能链条长，较为分散，如果不融合履职就很容易形成各自为战的局面，分散有限的监督力量，只有实现实质的质效突破，才能解决一些监督难题。

监督绝不是打一枪就跑，一定要对准一个地方，确保监督有成效。尤其是审判监督，针对收押反制羁押的问题，它必须整合各方面的检察力量。

这种融合履职的监督模式，其实是一种监督方法论，它绝不仅仅只适用于某个问题，只适用于一个领域。如果我们能够掌握这个融合一体的方法论，就可以解决更多的监督难题。

送案还需送人？

在讨论不羁押不收案的过程中，有读者反映，现在有些法院还是认为送案还需送人。

什么意思？

就是在检察机关提起公诉，向法院送卷的过程中，如果是取保候审的，还需要把被告人也送过去，来个当面检验是否在案，似乎要"验明正身"。

我觉得这种做法有点过了。

我们想想这个情境，如果要送几个案子，有的案子可能还有数名被告人，有时就需要带着二三十名被告人一起去法院。浩浩荡荡地去干什么呢？

就是为了让法官看一眼，这些被告人到了没有，在案没有？

但是想把这些被告人都约过来，就需要一段时间。尤其是共同犯罪的，必须一起来啊，一个一个来也没用啊。

虽然我们说随传随到，但也是要考虑个人合理的时间安排。而且费这么大劲是为什么呢？既然不是提讯，也不是开庭，就是看一眼，这是不是有点折腾人？

审查是否在案也不能这么干啊？

要都是这么个审查法，那检察机关受理审查起诉这么弄一下，法院受理提起公诉也这么弄一下，将来二审也这么弄一下，受理审查批准逮捕也这么弄一下，需要折腾多少个来回？

而且这里有一个悖论，虽然是法院要求送人的，但人其实是检察机关叫来的——因为案件还没有到审判环节，审判机关自然也没有传唤被告人的权力。

既然如此，那么在受理之前法院也没有权力强迫被告人一定到场。

那法院强迫的是谁？法院是在强迫检察机关一定要把人带过来。

但是这个强迫有依据吗？

《最高人民法院关于适用〈中华人民共和国刑事诉讼法〉的解释》第二百一十八条对于审查受理有非常详尽的规定：对提起公诉的案件，人民法院应当在收到起诉书（一式八份，每增加一名被告人，增加起诉书五份）和案卷、证据后，审查以下内容。

（一）是否属于本院管辖。

（二）起诉书是否写明被告人的身份，是否受过或者正在接受刑事处罚、行政处罚、处分，被采取留置措施的情况，被采取强制措施的时间、种类、羁押地点，犯罪的时间、地点、手段、后果以及其他可能影响定罪量刑的情节；有多起犯罪事实的，是否在起诉书中将事实分别列明。

（三）是否移送证明指控犯罪事实及影响量刑的证据材料，包括采取技术调查、侦查措施的法律文书和所收集的证据材料。

（四）是否查封、扣押、冻结被告人的违法所得或者其他涉案财物，查封、扣押、冻结是否逾期；是否随案移送涉案财物、附涉案财物清单；是否列明涉案财物权属情况；是否就涉案财物处理提供相关证据材料。

（五）是否列明被害人的姓名、住址、联系方式；是否附有证人、鉴定人名单；是否申请法庭通知证人、鉴定人、有专门知识的人出庭，并列明有关人员的姓名、性别、年龄、职业、住址、联系方式；是否附有需要保护的证人、鉴定人、被害人名单。

（六）当事人已委托辩护人、诉讼代理人或者已接受法律援助的，是否列明辩护人、诉讼代理人的姓名、住址、联系方式。

（七）是否提起附带民事诉讼；提起附带民事诉讼的，是否列明附带民事诉讼当事人的姓名、住址、联系方式等，是否附有相关证据材料。

（八）监察调查、侦查、审查起诉程序的各种法律手续和诉讼文书是否齐全。

（九）被告人认罪认罚的，是否提出量刑建议、移送认罪认罚具结书等材料。

（十）有无刑事诉讼法第十六条第二项至第六项规定的不追究刑事责任的情形。

上述规定明确列出的是收到起诉书和案卷、证据，没有说要带人来。

案件当然包括被告人，但被告人不是这么送过来的，送过来的是手续，在起诉书中记载被采取强制措施的时间、种类、羁押地点。如果取保，当然包括能够联系上被告人的联系方式，往往是被告人的手机号码。

我在基层院的时候，有时候确实会协助法院打打电话，但从没听说过把人送过去这么离奇的事情。

因为人并不是物品，送过去你还能怎么着呢？

他也没有被羁押，最后不还是得让他离开？最后不还是要通过电话联系？

这样的话，送案的这个出场到底有什么意义呢？

它的意义就在于增加送案的成本，以至于让检察院不得不采取羁押的措施。

因为采取了羁押的措施就不用送人了，送手续就可以了。

这是一种无声的倒逼方法，让检察院知难而退。

有的检察官确实就退了，索性羁押了，这样自己方便，大家也都方便了。

这样一来，宽缓化政策就落空了。

但是我想问的是，凭什么？

送案也要送人是没有任何法律依据的，这是一种不合理的苛责。而且不送人又怎么样呢？法院还真就不收案吗？

在《凭什么不羁押不收案？》这篇文章中，我已经详细说明了在这种情况下的监督措施，这里就不详细展开了。

简而言之，对于这种不合法的拒绝收案行为，我们应该敢于监督，而不是一味屈从。

因为在送案之前，法院并没有传人的权力，传与不传只在于检察机关。

从落实宽缓化政策的角度看，也应该避免无谓地折腾嫌疑人、被告人，减少诉累，从而也降低司法成本。

在法律没有依据的情况下，想要单纯确认是否到案，完全可以通过电话联系等方式进行。

确有必要的，可以在送案当场拨打电话，并进行同步录音录像，从而帮助法院就在案问题进行审查核实。

事实上，我们也知道送案也送人不仅增加了当事人的负担，增加了检察机关

的负担，也必然增加了法院在受理案件上的负担。

这个负担既不合理，也不合法。

其目的无非是迫使检察机关就范，退回到原则上羁押的老路上，这是与宽缓化政策背道而驰的。

这种逆司法趋势的做法，应该成为法律监督的重点。

良法善治绝不应该折腾人。

续保与续押

我们知道，取保的案件换阶段时都要续保，也叫换保，实际上是重新办理一套取保候审手续，这是比较烦琐的。

如果是羁押状态，换押就行了，这是非常简便的，不需要嫌疑人到场。但重新办理取保候审手续可一定是要嫌疑人重新到场的。

从这个意义上来说，续保自然要比换押烦琐，从而搞得取保这件事就像给自己找麻烦，也是给别人找麻烦。要是捕了，不就全省事了么，尤其是还更加安全——主要是对办案人员自己而言的。

如果说重新办理取保候审是为了保证规范操作，那么面对羁押状态的嫌疑人不是更应该进行规范化操作吗？不也应该重新办理羁押手续吗？

有人会说，之前那个批准逮捕决定不也是检察机关作出的吗？现在重新办理一遍羁押手续的意义何在呢？

意义在于重新确认受理移送审查起诉之后，还有没有羁押的必要，这要有一个正面的确认过程。

还有人说，我们有羁押必要性审查，相当于这个功能。

但是我觉得不一样，主要是前提不一样。

续押的意思在于，不决定继续羁押的话，这个人就要被变更强制措施了。而羁押必要性审查的意思是，只要办案人员什么也不说，这个人还是羁押着，羁押就成为默许。

那么，这个羁押必要性审查到底审查了没有？谁知道呢？

续保的要求就是必须重新出具取保候审决定。

从继续取保和继续羁押程序的烦琐程度来看，我们其实还是在变相鼓励羁押，在为羁押提供更加便捷的诉讼途径，而为继续取保增加了烦琐的程序。

从这个意义上来看，也是以羁押为原则以取保为例外的传统刑事诉讼运作模式，与目前宽缓化政策不相吻合，或者正好相反。

对此，应该从两个方面来解决：一方面就是让取保，包括继续取保在内的操作流程更加便捷高效，而不是困难重重，障碍重重；另一方面就是为羁押，包括继续羁押设置更高的诉讼成本门槛。

在继续羁押方面，我建议从默认模式改为正面确认模式。

（1）在侦查或者审查起诉阶段已经羁押的，案件移送至审查起诉或者审判阶段时，需要继续羁押的，受案机关应当在七日内作出决定，并通知移送案件的机关和执行机关。

（2）逾期未作出决定继续羁押决定的，应变更强制措施。

为什么说正面确认模式对减少羁押更有意义？因为它会督促受理案件的司法机关对羁押状态进行正面的审核。因为重新作出一个决定就意味着要履行一次审查和报批程序，而且还要出文书，这都意味着要承担司法责任。因为害怕承担司法责任，所以在审核的过程中会十分慎重。

人只有正面回答问题，才能严肃起来，默认方式很容易逃避问题。即使作出的是继续羁押的结论，但因为这是自己作出的新的决定，也会更加认真一些。

更有可能的是，经过这次审核发现，该取的证据也都取到位了，案子比较踏实，嫌疑人没有要逃跑的迹象，现在取保的风险可能就比侦查阶段还要低，那完全就可以选择不羁押。

如果换作羁押必要性审查，能够做到每案必审，每审必出手续吗？

往往还是在认为有必要的时候才审查。那么自己批捕的案子，怎么会认为有那个必要再审一下呢？

我相信，有相当多的承办人可能有这个自觉性，但我不敢保证所有人都有这个自觉性。而且司法工作光靠自觉性是不够的，必须有外在的他律机制。这个他律就是续羁押审查。那就是要对自己的继续羁押的决定进行正式的书面的背书。这样一来，每个人都会严肃起来，都会再考虑一下这个必要性。

相比之下，改变强制措施会显得轻松一点。

这样一来，也就形成了慎押的倾向，继续羁押是比较正式而且烦琐的，可不是两页手续那么简单的。

这种程序性的仪式感也强化了继续羁押的严肃性。这样也才能与羁押强制措施的严厉性相匹配。既然羁押措施严厉，那么审查上就要更加严格，不是那么轻轻松松、随随便便的。

相反，取保就应该减少烦琐的程序，让两者在诉讼繁简程度上回归正常的比值。

总体上看，取保是相对容易的，羁押是相对难的，这才是与轻罪为主体的犯罪结构相匹配的。

当然，重罪的羁押比例可以高一些，但让继续羁押的程序更加规范严谨一些也是没有坏处的。

这个现象给我们一个启示，程序正义有它的导向作用，它可以通过规定程序流程、设计诉讼环节等方式，引导人们作出诉讼选择。

从这个意义上来说，诉讼制度是刑事政策的调节阀。

取保期限与诉讼期限

取保的期限是十二个月，逮捕的期限是跟着诉讼期限走的，其实是没有明确的"期限"。

逮捕在侦查的阶段就跟着侦查期限走，这个时候还涉及侦查期限延长，一般最多是三延，这样说来捕后的侦查羁押期限一般不会超过三个月，如果延长侦查羁押要报检察机关批准。

到了审查起诉阶段和审判阶段，如果仍然是羁押状态，那就是完全跟着诉讼期限走了，也不用再报谁批准了。

在审查起诉期间如果两退三延用满，也就六个半月，当然审判阶段时间会更长。

由此可见，羁押期限与诉讼期限是严丝合缝的。

但是取保的期限却经常与诉讼期限产生严重的不协调。

比如侦查的活都干完了，但是取保的期限还剩很长时间，或者审查起诉期限已经到了，但是取保候审期限还剩很长时间，这算怎么回事？

这会产生一个重要的问题，那就是这些期限不用好像就浪费了似的。

这样一来，要么是取保的案件普遍不着急，这么长的时间不是用来办这个案子的，而是用来等其他案件办案完的。也就是一部分取保的时间是用来等着的。

这在诉讼制度设计上也有很多不太配套的地方。比如没有侦查期限，只有侦查羁押期限，这个潜台词就是如果是取保状态，侦查就不用很着急。侦查羁押期限是两个月，在不能延长的情况下，那咬牙也要把案子侦查完毕。

但是我们知道审查起诉是有期限的，不延长、不退补的话就是一个月。而这一个月是没有限定为审查羁押期限的，它不分嫌疑人是否处于羁押状态，即使取保也是一个月。

这样一来，就相当于有一个统一的审查起诉期限。

但也有人这样理解，如果取保了，就不用考虑一个月的时间，直接考虑一年的时间。这种说法我不太认可，根据刑事诉讼法的规定，好像很难如此解读。

为什么侦查阶段只规定侦查羁押期限而不规定侦查期限？我觉得这也体现了在传统诉讼体制下侦查工作对羁押措施的高度依赖。

不是忘了规定侦查期限，而是因为绝大部分案件都是羁押的案件，那么侦查羁押期限实际上就相当于侦查期限了。

同时，侦查的弹性很大，有的案子很快就能办完，有的案件可能是旷日持久的。所以也有可能是因为这个原因，统一的侦查期限也不好规定，一旦规定了，侦查不完怎么办，是不是就一定要撤案？

实践中，确实存在陈年积案、挂案的情况。

那么，取保的十二个月的期限是不是相当于给了侦查十二个月的期限呢，其实也不是这么一一对应的。

有可能是这十二个月都用满了，也未必能查出个结论，可能还是不能结案，但是取保的强制措施不能再用了。

有的时候可能就是没有任何的强制措施。在没有任何强制措施的案子中，这个案子还继续侦查着，还无法作出是否撤案的决定，这个能不能接受？

我觉得考虑到具体情况，有些时候是可以接受的。但不应当过于随意，把案子无限期地拖着，最终拖得不了了之。这个拖很多时候就是由于没有侦查期限造成的。因为只有侦查羁押期限而没有侦查期限，在取保案件的侦查中就存在慢一点也不违法的问题，从而导致诉讼的延宕。

事实上，任何工作如果没有一个明确的期限都可能导致无限期拖延。

从这个意义上讲，应该设定一个相对明确的侦查期限。

比如羁押的侦查期限是两个月，不羁押的侦查期限是六个月，侦查羁押期限要报批才能延长，不羁押的侦查期限也应当报批才能延长。

只有通过侦查期限的报批审查才能及时审核侦查工作是否有效开展，才能督促侦查工作及时完成，避免将能够及时处理的案件拖成陈年积案。

当然，这是对于极少数复杂疑难案件而言的，绝大部分的案件不需要耗费这么长时间。比如速裁程序的案件，不仅应限定审判时限，对侦查时限也应进行必要的限定。此类案件现在越来越多地采取了取保候审的强制措施，这类案件当然不能将侦查时限和取保时限延长到十二个月，否则这不仅是毫无必要的，也是不负责任的。此时十二个月的取保候审期限就变得毫无意义。

审查起诉程序也存在类似的问题，即使两退三延用满也才六个半月，给了十二个月又能怎么用？对于更多轻微案件而言，所需要耗费的诉讼期限更短，十二个月的时限更是没有必要。

当然，也有人说，给你十二个月并不是让你用完啊，那只是最长时限而已。

但是为什么羁押期限就不采取这样的方式，而是采用与诉讼期限相协调的方式？也就是办多长时间用多长时间，从而避免浪费。只要有冗余就必然有浪费，只要是用更长的时限不违法，就会有人把时限都用满。

目前来看，取保候审期限最长为十二月这种模式不利于提高诉讼效率，容易助长司法懒政。

可以考虑通过明确设定侦查期限，设置侦查期限延长报批程序，以及设置速裁等与轻罪案件的更短的期限相匹配的模式，让取保的案子也急起来，别拖着。这样就能使宽缓化案件也跟着提速。

不羁押绝不等于不着急。

如果取保期限能够与诉讼期限相一致，那么换保也就变得没有必要了。

刑事政策与行政政策

刑事政策会因为社会政策的调整而调整。

有学者说,最好的刑事政策其实是社会政策。刑事政策也是社会政策的一部分,它并不是孤立存在的,尤其是近些年来行政犯的罪名的增加就更加强化了这一事实。

某种意义上讲,刑事政策成了最严厉的社会政策。那种不依赖于社会政策调整的自然犯在整个罪名体系中的占比越来越小。而自然犯的定罪基础依赖于人类社会最基本的伦理基础,由于这个伦理基础比较稳定,因此杀人、抢劫、盗窃、强奸这类犯罪的入罪标准一般也非常稳定,不会因为社会政策而进行较大的调整。

基于这些罪名的刑事政策就有了相对独立性。

但由于有独立性的部分日益萎缩,就让刑事政策的其他部分经常跟着社会政策调整,一定程度上损害了刑事政策的稳定性。

这说明了什么问题?那就是刑事政策的工具主义在抬头。

也就是刑罚往往作为政策工具而使用,而且还作为常用性的工具被频繁使用,这就会损害刑罚的严肃性和稳定性。它主要有四种表现。

一是刑法修正案经常出台,三五年就出台一部,刑事法网越来越密,越来越多地侵入社会生活。

二是扩张性解释不断出现,在刑法修正案不能及时出台的时候,尽量将一些模糊地带的行为往构罪上解释,很少往不构罪上解释。

三是机械司法依然大量存在,在刑事立法及司法解释已经不合时宜,不能废止或者限缩解释的时候,明明违背常识常情常理,依然机械套用。立法时着急,废止和修改法律时不着急,也是刑罚过度扩张的体现。

四是司法受政策影响较大,从严从快从重的情况经常出现,从而违背刑法的谦抑原则,司法自觉不自觉地成为行政政策的一部分。

这些表现决定了刑事政策将变得越来越不稳定,调整的频率在增加,朝令夕改的情况时有发生。

朝令夕改对于行政政策而言已经是一种负面评价了。

对于以稳定著称的司法而言,这个负面评价就更加严厉了。

司法为什么要稳定?为什么不能与行政一样灵活?因为司法把握的是社会的元规则,也就是规则的规则,是规则的基础。司法把握的是社会底盘,司法稳定是公众长期的预期,不能轻易动摇。

司法执行的是基本法律,而不是普通的法律,比如刑法和刑事诉讼法都是基本法律。这些法律应该非常稳定,不能轻易修改,修改难度应该更大,修改周期应该更长。不是社会上有一点负面的现象,就想着搞一个罪;而是要先看其他社会管理手段能不能治理,比如行政管理手段能不能治理。

另外还要看这些现象是长期的问题还是短期的问题,短期的问题一般就没有必要立法。

只有长期且具有危害性,社会管理手段和一般行政管理手段不能处理的,经常长期评估之后才可以纳入立法。

而对于那些已经没有社会危害性的"犯罪",或者通过其他手段处理更好的"犯罪",倒是应该及时从犯罪圈剔除出去。犯罪圈不能只扩大不缩小。

但是目前看,对于需要剔除的罪名根本没有常规性的评估机制。

在新设立犯罪,或者降低入罪门槛的时候,应该考虑那些与之相关的行政处罚措施是否已经足够产生惩罚和威慑作用,从而最大限度地避免入罪。

现在更多的情况是刑罚工具主义的扩张,甚至在行政处罚尚未启动的情况下就直接动用刑罚。从行政管理方面来看好像是更加给力了,从司法工作方面看好像是更多地参与到重要工作中,得到了重视。

很少有人能够理性地看待刑罚滥用的问题,而且这种关于防止刑罚滥用的想法往往会被认为是不成熟。

理性很多时候被认为是不成熟,不理性在很多时候被认为是成熟。

这主要是因为刑事政策并不总是司法机关能够把握的，有时候刑事政策的确掌握在行政机关手中。这就导致司法功能泛行政化。

行政政策的调整是相对容易的，而司法政策的调整则难得多，因为它涉及对人的生命、自由、名誉的重要评价。

这个评价不能此一时彼一时，否则就会失衡。

尤其是司法政策的调整周期较长，有时候一两年甚至两三年才会调整，在一个案件还没有办理完毕的时候，政策已经发生了翻天覆地的调整了，那么处理起来就会比较尴尬，不管如何处理都会损害司法权威。

还有一些案件虽然之前已经处理了，现在政策调整之后处理结果会有差异，那么先处理的一定也会有意见：为什么同样的行为有不同的处理？

在法律没有调整的情况下，由于刑事政策调整导致司法行为产生剧烈波动，那就意味着法律存在空心化的问题，也就是法律没有真正的效力，被刑事政策架空了，刑事政策某种意义上替代了法律的功能，但它又没有履行法律的程序，因此缺少必要的审慎性和广泛的认可度。

由于刑事政策的制定不如法律的制定那样容易被公众知悉，缺乏一定的透明性，因此有时人们也不知道政策怎么来的，矛头指向的都是司法机关，损害的都是司法机关的公信力。

如何能够避免或者说最大程度上减少这种尴尬局面的发生？

那就是使刑事政策与行政政策有所区别，不能用行政管理的逻辑来运行司法。

当然，司法机关在配合行政政策的时候也应该把握必要的限度，把握好分寸，不要冲得太靠前，还是要更多地发挥保障法律的作用，而不只是调节法律的作用。

司法机关应该对司法规律和司法功能有自觉性的认知，司法的基本功能在于固根本、稳预期、利长远，这是其他主体很难替代的。

换保的意义？

不少人都问我，速裁的案件要不要换保？太麻烦了。

有人认为从司法解释和文件中好像也能解读出"可以不换"的意思，但我始终告诉他们：根本就解读不出这样的意思。

比如《人民检察院刑事诉讼规则》第一百零三条规定：公安机关决定对犯罪嫌疑人取保候审，案件移送人民检察院审查起诉后，对于需要继续取保候审的，人民检察院应当依法重新作出取保候审决定，并对犯罪嫌疑人办理取保候审手续。取保候审的期限应当重新计算并告知犯罪嫌疑人。对继续采取保证金方式取保候审的，被取保候审人没有违反刑事诉讼法第七十一条规定的，不变更保证金数额，不再重新收取保证金。

2022年两高两部《关于取保候审若干问题的规定》第二十六条规定：在侦查或者审查起诉阶段已经采取取保候审的，案件移送至审查起诉或者审判阶段时，需要继续取保候审、变更保证方式或者变更强制措施的，受案机关应当在七日内作出决定，并通知移送案件的机关和执行机关。

有人说上述规定中有一个"需要"，这个"需要"的意思就是需要办手续的时候才办，不需要办手续的时候裁判，比如公安的取保候审时间快到了，不得不办的时候才办，否则用公安的取保候审手续就行了。

但我认为并不是这个意思，条文中的"需要"应该是指需要继续保持取保状态就要重新办取保候审手续的意思，绝不是想办就办不想办就不办的意思，否则这个条款就形同虚设了，这个取保候审规定也就没有意义了。

但是我也知道，很多地方为了提高效率，确实就索性不再换保了，就这么干也没出什么事。

虽然没出什么事，但还是有一点名不正言不顺的。

换保大致来说是20世纪末的产物，当时在两高解释和取保候审规定中就有了这样的表述，至今来说没有太多实质的变化。

但是这二三十年来，犯罪结构和刑事诉讼结构可是发生了翻天覆地的变化的，因此这个"不变"就产生了极大的不适应，从而阻碍了刑事诉讼的正常发展。

二十多年前，重罪比例高，重刑主义也比较严重，羁押是非常普遍的，普遍到不羁押是非常例外和特殊的。

我们可以想一想，那个时候什么样的案子不羁押？

那个时候轻罪也普遍采取羁押措施，只有一种案件不容易羁押，就是证据不足的案件。所以即使有极少量的不批捕案件，也往往都是证据不太够的，当然也是比较复杂的。这种情况下，侦查、审查起诉和审判的时间也都比较长。

要是三机关都分享这一年的取保候审期限，就比羁押的办案期限还短了，期限就明显不太够了，也就必须分别取保。

此时的换保是为了确保长周期案件的办理，而不是为了短周期案件的办理。

对于长周期案件来说，办理起来动辄一两年、两三年，那么办三次取保候审手续也就不算什么了，而且这种案件一共也没有多少，正常情况下也不能算是工作负担。

但是二十多年后就不一样了。现在的犯罪结构是以轻罪为主体了，现在推行少捕慎诉慎押了，不再是以羁押原则，而是以羁押为例外了，很多地区的诉前羁押率不到40%，具体到轻罪案件中，这个比例就更低。

而且，刑事诉讼还建立了速裁程序，从改革的要求来说那必然是侦诉审的全流程提速。

有些地区对速裁程序的侦诉审都规定了明确的办案时限，有的是十天；还有一些地区对于特别简单的案件，比如危险驾驶案件还探索了四十八小时全流程结案的工作模式。

也就是说这二十多年的变化不仅体现在取保的比例大幅度提高了，而且办案效率也提高了，在这样的背景下，换保的意义就逐渐淡化了。

按照每个环节十天的办案规定，全流程下来也就消耗三十天，取保候审一年的办案时限,那是富富有余的。这就绝对不存在不换保就可能导致时限不够的问题,更不要说四十八小时的全流程结案了。

而且随着办案时限的缩短,换保对程序造成的负担急剧增加了,以前办两三年,也就是要用七八百天的办案周期,三次办取保,后续的时限负担只相当于0.5%;但是如果三十天的办案周期,那这个负担就是10%;如果是四十八小时,那就不是百分之几的问题了,那就相当于捣乱。

本来两天就弄完的事,还搞个三次取保,咋想的呢?有那个功夫,判决都出来了。

这么说可能夸张了,但确实反映了一些基层承办人的感受。

换保吧,那是真耽误事儿;不换吧,那还可能真违反了司法解释。只能咬牙说那不违反,可以作不同理解。但是真要是出事追责了,那可不会按自己的理解进行解释。

就比如,嫌疑人在审查起诉期间又犯罪的,尤其是犯了重罪,引起新闻关注的,你说会怎么办?

别的不说,至少这个取保候审手续应该办而没有办,这就成一个硬伤,然后再说是否适合继续取保的问题。是否适合继续取保还有认识和判断的因素,但是应当办的手续没有办这就是一个硬伤了。

绝大多数时候可能没有事,但是如果碰上绝对是个"大事"。

所以,我的建议是从制度层面上明确换保的问题,明确什么情况下应该换保,什么情况下不用换保。

这个规定应该在刑事诉讼法中予以明确。

比如将《刑事诉讼法》第六十八条修改为:

人民法院、人民检察院和公安机关决定对犯罪嫌疑人、被告人取保候审,应当责令犯罪嫌疑人、被告人提出保证人或者交纳保证金。

在侦查或者审查起诉阶段已经采取取保候审的,案件移送至审查起诉或者审判阶段时,需要继续取保候审但取保候审期限尚未届满的,受案机关无须重新办理取保候审手续,取保候审期限行将届满的,受案机关认为无法在剩余期限完成诉讼任务的,应在取保候审期限届满前七日重新办理取保候审手续,并通知移送案件的机关和执行机关。受案机关作出取保候审决定并执行后,原取保候审措施自动解除，不再办理解除手续。对继续采取保证金保证的，原则上不变更保证金数额，不再重新收取保证金。

总体上说，就是根据新的犯罪结构和诉讼结构进行调整，也就是从一律换保修改为以不换保为原则以换保为例外，减少换保造成的诉讼成本和时限浪费，减轻负担提高效率。

让不换保能够名正言顺，为贯彻落实宽缓化政策进一步扫清障碍。

第三章

治理问题

检察建议是社会治理的杠杆

以前我说办案是改变世界的支点，现在我想说，检察建议就是撬动社会治理问题的杠杆。

在使用这个杠杆的时候要特别把握几个问题。

首先就是要找到恰当的支点。

这个支点最主要的表现形式就是恰当的案件：可以是一个案件，也可以是一类案件。不管是个案还是类案，一定要是恰当的，能够反映出真实问题。这些案件未必是多么重大、敏感、复杂的案件，可能就是非常普通、简单的案件，但是却能反映出特定的问题。

有的时候只是反映出问题的冰山一角，但是只要我们认真深入地调查，就可以发现隐藏在背后的巨大问题。

问题找得准，就容易让人信服，容易让对方接受。

有时恰当的案件会成为解决问题的关键契机。

有时这种契机是稍纵即逝的，需要检察官有比较敏锐的问题意识，有透过现象看本质的洞察力，还要有宏观的视野，能够从细小的片段看到背后的系统性的问题。

这不仅需要检察官具备啄木鸟的能力——敲敲树干就知道里边有没有虫子，还需要鹰一般的宏阔的视野，具有一种社会治理的全局观。这种推动社会变革的愿望是好的，但又必须认识到检察建议的局限性。

其次是力度。

检察建议只是杠杆，它不是长矛，它用的是巧劲儿，而不是硬碰硬的蛮力。即使赋予检察建议一些刚性，这个刚性也必然是有限度的。使用蛮力的时候，这个杠杆就可能被掰断了。此时，不仅不能撬起目标，而且自身的公信力也会受到损伤。

也就是说要深刻地认识到自身的局限性。在认识到自身的局限性的同时，也要对自己的功用树立信心。

我们都知道，杠杆是一种放大力量的机制。

当我们不能徒手搬动大石头的时候，就可以借助支点，借助足够长、足够坚韧的杠杆，只要稍微用力就能够把石头撬起。

但是在真正开山凿石的时候，我们又知道，当时的地质条件可能是比较复杂的，一定要注意把握好力度，避免因用力过猛导致塌方、滚石、砸了自己的脚等次生灾害。

有的时候，就是要恰如其分地一次只撬起一块石头，否则力度太大，这一堆石头可能都塌下来，我们会应付不了。而且最后形成的局面可能更糟。

这样的话，就要特别把握好分寸和力度，掌握好角度，并找到恰当而坚实的支点，然后精准地撬动我们期望解决的问题，逐步实现目标。

最后，注意力相对集中也会让目标更容易实现。用一种特定的方式有效地解决了一个社会治理问题之后，在同样的情景下，这个治理模式就是可以复制的。也就是社会治理类检察建议的制发，这其实也是社会治理模式的选择过程。

当一些最优方案被发现，而这类问题又具有普遍性时，那此类检察建议就可以推而广之。或者直接由上级检察机关，直至最高检察机关在更大的范围直接推广这种社会治理模式。

这样一来，单个检察建议的发出就具有了某种方法论上的意义。

因此，社会治理类检察建议的评选，与其说是评选检察建议文书，不如说是评选社会治理的模式。这个模式是由引发检察建议的案件、检察建议文书、检察建议的沟通回复、具体整改措施落实、社会治理长效机制形成等一套构件组合而成的。

之所以称之为模式，是因为其所针对的问题一定是更具普遍性的，而且组合方案一定更具有推广性和可复制性。

检察建议的本质是借力推动社会治理的方法论。

司法与城市治理

很多人认为城市治理只是一种行政行为,无非是城市规划、城市交通、工商业布局、医疗教育资源分配、人口管理、环境治理、公共设施建设维护,诸如此类。

好像这完全是行政管理的内容,或者社区自治管理、工商业行业治理的内容,与司法的关系都不大。

但我们知道的是,城市治理最重要的两件事,都有司法有着紧密的关系。

一是秩序,二是公平。

1.

刑法作为保障法,是所有法律的最后一道防线。但刑法需要刑事司法来予以执行和施行,它不可能自己运行。当其他社会管理性质的法律法规,起不到期待中的作用时,怎么办?

此时,刑事司法必须果断运转起来,否则就会造成其他法律法规运行的破窗效应。

从手段和强制力来说,其他行政管理手段,或者民商事惩罚相对比较轻缓,比较温和。

在比较轻缓、比较温和的治理环境下,有些人就是"不听",任意为之,这就可能造成严重的城市秩序混乱。

这有点像排队,如果总有人插队,而维持秩序的人说了他们也不听,对其批评教育无效。如果不能及时制止这种情况,就会有更多的人效仿。

因为大家会联想到,通过违法的行为可以获得利益,比如少排队,而少排队也不会受到什么处罚，就意味着插队行为只有好处没有多少坏处，就会诱使人们违法，就像多米诺骨牌效应一样，这也是一种破窗效应。

当正常的治理秩序被践踏，如果没有足够的权威恢复被践踏的秩序，那么治理秩序就会被集体踩踏，甚至有可能陷入失序状态。

此时就有必要动用刑罚，给予违法者严厉的惩戒，也给其他试图跟进、参与的潜在违法者以警示。这是一种及时的犯罪预防，是在修补破窗效应中的破窗，是在避免多米诺骨牌连续倒下。

由于刑罚手段的严厉性，它又必须通过公开、透明、严谨的程序来适用，这个程序就是刑事司法程序。

因此，启动刑事司法程序就意味着启动刑罚，因为刑事司法程序大概率的目标就是刑罚处罚。

从这个意义上来说，此时的刑事司法也是在进行城市治理，是强有力的城市治理，它可以稳住城市秩序，让其他法律法规继续有效实施。

虽然我们承认刑事司法也是城市治理的方式之一，但它却是并不经常使用的一种方式：既然是最后一道防线，就不能上来就用。

因此，虽然刑事司法是城市治理的重要手段，但绝不是主要手段和日常手段，否则就会呈现边际效应递减。

城市治理还是需要综合多种方式、多种手段，可能更多的还是依赖于行政手段、经济手段，甚至信息技术等更加广泛的应用，包括诚信制度管理，以及自组织管理模式的运用，等等。

2.

行政管理更多地偏重秩序的维护和效率的提高，在定纷止争的问题上往往还需要中立的裁判者。

有些虽然是民间的纠纷，但涉及的可能是重大的利益纷争，比如房产、婚姻、邻里纠纷等，有时候在行政调解无效的情况下，就需要打官司了。

打官司就是走司法程序，司法程序就是通过对一个个纷争的处理，来解决一个个的城市治理问题。

而且，有些看似是民间的纠纷，但往往也涉及行政机关此前种种处理决定、处理方式的合理性和合法性问题，这些都需要予以一并判定，否则纠纷难以从根本上解决。

甚至有些诉讼就直接指向了行政机关，也就是民告官的行政诉讼，那更是城市治理的管理者与被管理者之间矛盾纠纷的解决，而这些矛盾纠纷往往就是城市治理中最为要害的地方。

这个过程也就是通过诉讼的方式让司法介入城市治理的过程。

这种参与可以理解为司法对城市治理行为某种更加理性的审视，在秩序和效率的价值之外，对公正价值格外强调。也就是说，城市治理不仅要讲秩序和效率，还要讲公平，否则这个秩序和效率难以持久，而且被管理者也是不买账的。

想要实现秩序和效率，管理者就要学会如何让被管理者真正买账。

3.

司法也不仅仅是被动地参与到城市治理进程中来。近年来，广泛开展的公益诉讼就是司法机关主动参与城市治理的一种路径。

对于公众利益受到广泛侵害的违法行为，检察机关可以提出民事公益诉讼和行政公益诉讼，不仅可以直接要求违法企业履行赔偿责任，还可以督促相关行政部门有效开展治理工作，解决不作为、乱作为的问题。

检察建议是另一种司法主动参与城市治理的路径，这是指检察机关在办案中发现相关部门和单位存在社会治理的管理漏洞，从而有针对性地提出治理建议，并督促其有效落实的工作方式。

这也是司法机关从"治罪"到"治理"的一种转变，是从"我管"到"都管"的转变。

近年来，从最高检到地方各级检察院都发出了一些具有代表性的检察建议，对于不同城市的管理领域发挥了有效的治理作用。

有人会问，为什么这些问题行政部门自己没有发现？为什么非要由司法机关提出来？司法机关并无长期的城市治理经验，凭什么说它提出的治理建议就更高明？

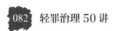

必须承认，传统上城市治理并非司法机关的职责，司法机关对治理问题的介入也相对较少，往往是就案办案，案件办完就完了，对于为什么会案发，如何进行犯罪预防和诉源治理问题关注得不够。

但是随着社会经济的发展，城市化的加快，城市人口数量的增加，城市变得越来越复杂，犯罪的原因也变得越来越复杂。

有些犯罪就带有城市治理过程中的烙印，城市治理不到位有时就会成为犯罪的某种诱因，或者说城市有效治理才是更加根本的犯罪治理手段。

这也就是"最好的刑事政策其实是社会政策"的本意。

犯罪治理的根子在社会治理，而由于城市人口的集中，就更加集中在城市治理。

因此，作为负责任的司法机关，想要把犯罪治理好，想要降低发案率，消解犯罪原因，拆除犯罪诱因，那就必须深入犯罪的源头中去，开展诉源治理，也就是参与到社会治理和城市治理中来。

司法机关对于城市治理要躬身入局。

这也是司法机关近年来广泛参与社会治理的原因，其目的是更加根本地解决犯罪问题，提升法治化水平。不是说要消灭犯罪，而是最大限度地消灭本不该发生的犯罪，减少社会矛盾，促进社会和谐。

目的是好的，但是司法机关能不能真正为城市治理提出高招儿呢？

虽然司法机关不在城市日常管理者的行列当中，但却接触了一个又一个的具体案件。其中既有刑事案件，也有行政和民事案件，还有公益诉讼案件。

这些案件都是城市治理的难点、堵点和爆发点，司法官通过对这些问题点位的研究，就比较容易探查到城市治理中的一些真问题。毕竟，没有真问题也就不会有这些案件。

要想解决好、处理好这些案件，还必须就这些问题给出说法，否则这个案件办完了，下一个案件还会来，因为问题始终存在。

由于司法官习惯于更加冷静审慎地思考，而且作为法律人，也更加具有规则意识，在规则被破坏的创口上可以看到规则重建的影子。

通过分析这些城市治理问题，提出解决方案，也就是提出更加完善的城市治理规则，也就是系统性地提出城市治理建议，这其实就是在发挥司法机关规则建构的专业优势。

在依法治理路线的背景下,有必要发挥这支规则建构队伍的力量,而司法机关作为法律专业团队恰恰有这方面的能力。

因此,司法机关参与社会治理本质上就是在发挥依法治理、规则治理的建构力量。

这支力量从根本上来讲其实是公平的力量。

公平是规则建构的价值取向。

诉源治理与溯源治理

这两个词都曾在官方报道中出现，不是笔误。

据我的初步了解，在司法机关中，"诉源"一词用得更早，也更加普遍，而且法院用得更多一些。

这是因为诉源治理有对诉讼源头的治理之意，刑事诉讼、行政诉讼、民事诉讼都是诉讼，如果仅以诉讼计，显然法院接触的诉讼更多，减少诉讼的愿望也更强烈，而且我们还有息诉的传统，希望能够从源头上减少诉讼。减少诉讼目的就是减少纠纷，促进和谐。

因此诉源治理的目的就是对产生诉讼的源头进行治理，进而从根本上减少诉讼。

最近几年，检察机关提诉源治理的情况也多了起来，因为刑事诉讼也是诉讼，四大检察协调发展后检察机关对其他类型的诉讼的介入也增多了，而且近年来检察机关能够更加主动地通过检察建议参与到社会治理中，很多时候就是立足案件解决犯罪存在的根源性问题。

这些根源性问题解决了，从本质上犯罪就减少了，犯罪减少了，刑事诉讼就减少了。

比如超市盗，这个问题一方面可以通过不起诉来进行分流，从而影响刑事政策，但从根上看还是要解决自助结算购物通道的购物环境标准，通过技术手段来避免漏扫码的情况出现。只要漏扫，机器马上就可以提醒，也就没有多少人再通过漏扫的方式来进行盗窃了。

这就可以减少一大批犯罪，而这些犯罪的减少，就意味着刑事立案的减少，起诉数的减少，审判数的减少，这不就是从根本上治理诉讼源头吗？

这个时候说是诉源治理也没错。

但是各种诉源放在一起来说，它是不是也是一个上溯寻找社会问题源头再加以治理的过程？

所以，所有的诉源从某种意义上来说也都是一种溯源，它们都有一个对问题源头的追溯问题。

只不过这个被追溯的问题源头与诉讼关系更紧密，因此直接用诉源就可以表示出来。

那是不是溯源就没有用武之地了呢？

也不是。

事实上，在很多检察建议所涉及的问题中，很多时候已经远远超出了诉讼的范围，甚至超过了犯罪的范围。

有些时候，我们发现有些诉讼的根源的确是社会问题，比如经济管理机制问题，商业管理机制问题，或者民生管理问题。这些问题，确实会引发一些矛盾。但这些矛盾并不直接会产生诉讼，或者与诉讼还有相当的距离。

虽然肯定会产生矛盾，但并不是所有矛盾都是以诉讼形式体现的。

对于这些与诉讼相对较远的问题的追溯行为，我们就不太方便将其描述为诉源治理，而是将其称为溯源治理。

此时，治理的重点不在诉讼问题，而在于更深层次的社会问题。

从这个意义上说，溯源治理要比一般诉源治理更深更远，否则就担不起溯源治理这个更加本源性的概念——这个概念一定是暗含着更加根本性的意蕴，一定是距离真正的问题源头更近。我们可以说溯源治理是一种更加深层次的社会问题的挖掘，也是更加深层次的社会治理方式。

因此诉源与溯源既有与诉讼关系紧密性的问题，也有治理深度的问题，两者不能等而化之，而是应该有所区分，在各自的语境下使用更为稳妥一些。

治理"黑色金融体系"与治理犯罪

从个案办理到类案治理是一次升级，类案治理是犯罪治理的 1.0 版。

从类案治理到整体治理才是犯罪治理的 2.0 版。

个案有其偶然性，但也蕴含了一类案件的特别性规律，比如超市盗、危险驾驶、环境污染类犯罪。

这些犯罪中有点类似于产业链性质的规律，也就是切断了犯罪的产业链就可以遏制一个犯罪产业。

就像"没有买卖就没有杀害"。

"没有买卖就没有杀害"是说野生动物的保护要切断买和卖的联系，这就会让上游犯罪失去下游犯罪的盈利能力，实际上就是让犯罪没有受益，这样时间长了也就没有人干了。

当然，这种切断不是单方面的，甚至都不是一个国家可以独立实现的。

比如虽然在本国制止了销售，但是可以出境销售，一样也可以获得利益，或者是本国严格禁止非法捕猎，但是可以从国外走私野生动物制品，那这个市场仍然可以存在。

因此，即使是一类犯罪的治理也是网络化的，而不是链条性的。

更何况犯罪之间更是彼此联系的，有点类似于产业之间的联系。比如轻工业与重工业之间虽然差别很大，但也是彼此联系的。

要么是材料之间的联系，要么是工业机器之间的联系，要么是工人生产能力之间的联系。

再比如用于轻工业生产的工业机器人，可能就是重工业的产物，包括器械制造、材料行业……

而服务行业则会直接影响各种制造业的发生,比如信息服务、金融服务,等等。可见,产业之间的联系是千丝万缕的。

中国制造业的实力就是全产业链的大规模柔性制造。也就是产业门类齐全,啥都有,而且能够根据用户需求进行定制,因为门类齐全所以很方便做配套,成本低,这样一来也就比较方便进行大规模加工。

这样一来也形成了在特定区域的特定产业分工,比如制鞋、汉服、打火机等各种细分品类都非常集中,生物制造、电池行业、通信设备等高科技产业也是集中在特定区域。

犯罪领域也存在行业联系和专业集中的倾向,与产业发展有相似的地方。

这也没有什么特别,因为我们可以把有些犯罪理解为一份工作,一笔生意,只是它是灰色的、黑色的。

而且它一定是能赚钱的,是有利可图的。既然如此,它也一定要受到价值规律的调整。也就是它也有着市场竞争和规模优势的问题,也要考虑降低交易成本,也要走专业化的道路。

就比如跨境赌博犯罪,它就相对比较集中,也不是什么地区都有。它大多分布在犯罪治理比较薄弱的国内地区,或者治理更加薄弱的境外地区。

因为受到打击后产生的损失也是一种犯罪成本,必须考虑进来。

打击力度越小的地区,犯罪成本就越低;越能够获得廉价犯罪劳动力的地区,犯罪成本也就越低。

某种意义上,这些行业也是一种劳动密集型的犯罪行业。

虽然它们也有一些科技外观,比如架设网站的技术等,但是最核心的还是揽客,也就是获得基础用户,让人来进行网络赌博。这个依靠的就不是科技了,而是人与人之间的交流,所以某种意义上这是一种"技术+服务"型的犯罪产业。

这个产业还有一个重要的组成部分,那就是"黑色金融体系",包括洗钱,也包括远比洗钱功能广泛的犯罪性金融服务体系,比如收集个人账户,不仅是银行账户,还有支付宝等准金融账户。这些账户有些是当事人出租的,有些是利用窃取或其他非法手段获得身份证后私自开设的账户。

还有些人负责倒钱,将这些账户里的钱提取出来,都是蚂蚁搬家型的提取。这中间可能又经过很多环节。还有些人为赌客换取筹码、积分或者点数。

这是一条龙的服务,很复杂,目的是规避查处,因此成本也很高。

而且这个黑色金融服务网络,可以支撑各种犯罪产业,不限于网络赌博,传销、电信诈骗、走私,甚至毒品犯罪都可以。

并不是每一个犯罪产业都有一套自己特有的黑色金融网络,很多时候这些产业共同用一套黑色金融网络。

因为金融服务的成本很高,只靠一个产业也养不起,而且任何一个产业都没有能力单独完全控制金融体系。

金融体系作为整个产业的融通渠道,它是"万能"的。

"黑色金融体系"也有这个特点,它是"万能"的,但是成本很高。

就比如黑色账户系统,或者转账系统,可能是同样几个账户,但能为几家赌博网站赚钱,这几家赌博网站完全是不相关的,但是账户却可能有重合。这种情况在办案实践中也出现了。

这些网站之间没啥联系,只是使用了相同的黑色金融服务体系而已。

"黑色金融体系"并不给自己设限。

因为一个账户租给一个人使用也是租,租给多个人使用也是租,既然如此,那就歇人不歇马了。而且一个账户用于犯罪已经有被查处的风险了,可能用着用着就被查了,被查了就不能用了,所以同样不安全。那就尽可能多用快用,这样就可以在有限的时间内,获得这个账户通道的最大价值。

如果你还不能直接感受,那么可以尝试思考一个问题。你是不是接到过诈骗电话,或者各种办理贷款的电话?而且感觉各种各样的骗子都在找你。那意味着什么?

那意味着你的个人信息已经被卖给很多犯罪产业了。

同样一条个人信息可以卖几百遍,而且还会一直卖下去,它会成为"黑色金融体系"的一部分。你是作为一个潜在的犯罪对象,也即一个潜在的"黑色金融体系"客户而被纳入进来的。

你被骚扰得多频繁,这个"黑色金融体系"的规模就有多庞大。

但是由于"黑色金融体系"掌握合法账号的有限性,为了支撑更多的犯罪产业,就必然要重复使用当前享用的账户和渠道,这就产生了合流作用。

这是因为"黑色金融体系"要依附于合法的金融体系才能实现资金的安全流

转,它不可能重建一套完全独立于合法金融体系之外的金融体系,那样成本就太高了。

所以它只能利用一些合法的账户,利用金融监管的漏洞,利用账户所有者的授权,或者干脆私自开设账户,同时利用银行对客户隐私的保护,在这层隐私保护外衣之下,悄悄地进行流转。

如果能够完全、实质核查每一笔转账记录,那"黑色金融体系"基本就会坍塌,但是这样做的成本高到完全不可接受,而且对客户的隐私侵犯太大,从而损害了金融行业本身的信用价值,因此几乎是难以做到的。

但也不是完全不能做到,比如通过对异常资金流向和较大额度资金流入的自动追踪还是可以捕捉到一些蛛丝马迹的。

如果能够综合一些特定犯罪产业治理的数据,将犯罪产业数据与黑色金融行业进行整合,就有机会窥探整个犯罪产业体系的脉动。

与其切断犯罪产业链,不如切断犯罪金融链。由于这是犯罪金融行业的中枢,切断它就相当于扣住了犯罪产业体系的命门。

从地理的维度发现监督和治理线索

我一直主张建设城市犯罪治理电子地图。2020年12月16日,我曾发表过《城市犯罪地理信息标示图系统的构建》的文章。

现在,我再举例说说它的监督和治理线索发现功能。

比如有一条街,经常发生故意伤害和寻衅滋事案件,而案件的起因大多是嫖资纠纷等,但根据犯罪治理地图显示,这条街却几乎没有卖淫类案件发生。

如果通过其他数据对比会发现,这条街上伤害类案件的报警电话很多,但很多都没有立案,只有死亡案件,或者伤害程度很重的才立案。

这说明什么?这说明有执法人员对卖淫类案件提供保护。

像这种情况,如果十年之后才发现,再想查清当年的情况就不太容易了。

但是如果有犯罪治理地图,就可以直观地发现两类犯罪的不匹配情况,从而及时启动法律监督,甚至移送职务犯罪线索,这就比较容易取得突破。

这就是将犯罪信息通过地理纬度进行整合的力量。

如果实地走访那条街,你也许还会发现,那里的摄像头非常少。很多案件中提供的监控录像都是这条街上一些门店自己的摄像头拍的,而公共性的摄像头很少。这也是犯罪分子气焰比较嚣张的原因,因为他们知道这里没有摄像头。

这也提示我们,哪里存在监控死角,哪里就容易引发犯罪。

还有些地方的摄像头不明示。比如有些超市在自助结账机后面明明安装了摄像头但不提示,而自助结账机也缺少防损机制,这就会增加超市盗案件的发生。

这些固然有某些消费者占小便宜或者寻找刺激等不良心理作祟,但也有商超在安装自助结账机时缺少配套防损机制的原因,或者机器本身比较落后,不能有效进行技术防损等问题，或者发现漏扫后故意不提示，积攒到一定次数再报警等人性陷阱的问题。

如果有犯罪治理电子地图，就比较容易锁定超市盗高发地区，就可以有针对性地发出检察建议，督促商超完善相关工作机制，提高诉源治理的针对性和及时性。

不仅是超市盗，通过地理纬度还能够可视化地、及时地了解各个社区、街区常见多发犯罪的相关情况，这样就可以有针对性地向社区发出社会治理类检察建议，实现有针对性的犯罪预防和社会治理。

比如有些商圈经常发生危险驾驶的案件，就可以通过电子地图显示的方式吸引检察机关的注意，从而了解情况。比如有些商圈确实存在不让代驾下地库等问题，这样就可以很快找到社会治理的症结，发挥晴雨表和指挥棒的作用。

犯罪治理电子地图就相当于社会治理的大数据沙盘。这个沙盘还可以无限扩展细化，从中可以看到更多的东西。

比如说，有些地方有不少暴力性的犯罪案件都系赌博机引起，有些就是在赌博机网点发生。但实践中却没有多少赌博机网点被查；或者是一要查网点，网点就转移了；或者推说存在法律障碍不好查。

结果是只要赌博机网点这个温床存在，暴力犯罪就不会停止。

而那些对赌博机及时查处的地区，暴力犯罪就相对少一些，这些通过犯罪地图也可以看得很清楚，二者呈现了一种正相关性。

这就为我们在特定地区清除犯罪温床指明了方向。

还有一些偏远的城乡接合部地图，监管死角很多，尤其是轨道交通或者高速公路的立交桥下，或者一些涵洞，以及被路网切割的地块，有些就作为城市绿地了，但真正去那里的人是非常少的。尤其到了晚上，有的地方连路灯都没有，更不要说摄像头了。而这里就容易成为藏污纳垢之地。

我办理的多起杀人案件，都是在类似地区掩埋尸体或者碎尸，只有被告人带着侦查人员才能找得到，要不根本就想不到。而这些地区就像游离于城市治理之外的法外之地，成为掩盖罪行的天堂。

这就有必要通过犯罪治理电子地图的方式把这些地理信息都标示出来，通过增加路灯和治安摄像头的方式将其纳入城市治理的网络之中，尤其是还要进行重点监控。因为这些区域的偏僻性,很多犯罪分子还是习惯于将其当作掩盖罪行的好地方。

除此之外,还可以在此类监控录像的后台程序增加一些人工智能的图像分辨技术,发现有不明人员在这些地方进行掩埋、切割、焚烧或者有严重肢体冲突等动作特征时,自动启动报警程序,对这些地点进行人工判断。

此时犯罪电子地图又成为完善城市规划,探查城市治理死角的重要工具。

如果我们动态地看待犯罪治理地图上的数据演化,就会发现犯罪是随着城市化建设的完善而逐渐降低的,那些犯罪数量高的地区,大多在城市规划、建设和管理上存在着某种乱象。

犯罪只是病灶,治理水平才是病因。

而那些犯罪量持续下降,实现了由乱到治的地区,也一定是找到了城市化和城市治理的有效路径,有许多可以学习和借鉴的地方。

犯罪治理就类似于地下管网的治理,是一个看不见的隐形工程,但又是关乎民生福祉的系统工程,是文明程度的体现。

安全感、正义感、有序性是城市文明的基本需求,就像柴米油盐一样是不可或缺的。

犯罪治理电子地图就为这个基本需求建立了一张网络,让管理者可以清晰地知道哪里缺什么少什么,应该补什么。

从这个意义上讲,犯罪治理电子地图也是一张法治地图。

轻罪治理电子地图的应用前景

这两年我陆续写了一些关于轻罪治理电子地图的文章，我认为在推动数字检察和智慧城市的双重契机下，时机已经成熟，目前有些地区也已经开始探索。

简单来说，轻罪治理地图就是将犯罪的数据注入电子地图当中，从而实现犯罪信息在地理纬度的可视化呈现，并且通过犯罪数据与城市地理信息的关联，体现犯罪与城市规划发展治理的关联性，为提升城市治理水平提供有针对性的检察建议。

目前，有些地区已经有了初步成果，有了部分罪名简化电子地图，更加直观地印证了我之前的一些假设，那就是犯罪分布是极不均匀的。

这些犯罪分布通过电子地图呈现得非常明显，政府就可以实现非常有针对性的治理。

具体来说，轻罪治理电子地图可能有这么几个应用前景。

1. 城市精准治理参考

如果说拥堵能够暴露出城市交通的薄弱环节，可以通过治理堵点来治理交通，那么犯罪就能够暴露城市治理最薄弱的环节，从而可以通过治理犯罪点来治理城市。

比如一条街上经常有人打架，我们就要问问打架的原因。如果这个原因是维护卖淫行业的秩序或者收取保护费的秩序，那么就说明这条街区存在治理真空。

说白了就是这个地方没人管，或者有人故意睁一只眼闭一只眼不管，这都是有问题的。

如果没有犯罪的集中出现，我们可能还不会意识到问题这么严重。

如果不通过犯罪治理地图的方式将这些信息汇集起来，我们也不会发现这些问题这么集中。

比如一条街的发案量远远高于平均水平，以至于达到一个区甚至一个城市的前几名，那么这条街道就需要重点分析分析了。

当然，真正的问题其实远远不限于基层治理这方面，很可能是系统的问题。

也即病灶是这条街，但是病因远远不限于这条街。

通过轻罪治理地图的方式，我们可以及时发现病灶，通过病灶再顺藤摸瓜找到病因。我们不可能凭空找到病因。

轻罪治理地图就相当于一种城市体检，让我们及时发现城市治理的漏洞和问题，并通过地图的方式集中呈现出来。

这就像到医院拍片子，看肺部哪里有阴影了；或者抽血化验，看看哪些指标高于平均值。

但是仅仅有阴影，仅仅指标高也不能直接说明问题，还要做一些辅助检查和分析。轻罪治理地图也一样，也要分析一下这个犯罪集中高发频发是偶然的，还是有社会治理的原因。

如果存在社会治理的原因，就可以分析出薄弱环节，从而有针对性地进行完善。

这种有针对性的完善，就是城市精准治理。

2. 城市规划动态辅助

犯罪暴露的绝不仅仅是治理问题，它也可能深入到规划层面。

就像我们说的破窗效应，大家可能关注的是治理，但其实这也是一种规划。

如果初期规划失败了，那为什么不及时修缮、翻盖，甚至重新规划？

仅仅把玻璃安上是没用的，因为这里已经不住人了，可能是"鬼城""鬼街"了，所以玻璃破了才没人及时发现，没人及时修补。

这本质上是规划问题，包括规划的及时性和合理性。

如果把轻罪治理电子地图的数据拉长，也就是看一个城市的犯罪演化，我们就会看到犯罪在地图上的此消彼长,在有些地区是逐渐减少,在有些地区是逐渐增多,在有些地区是剧烈增多。

此时,如果我们能够联系这一地区的规划发展历程,就可能得到一些启发,比如是不是存在破败化的趋势?很多基础设施是不是已经老化而没有得到修缮,让这里看起来像一个法外之地,可以藏污纳垢了?

还有一些生活区域规划与产业规划同步的问题。

比如个别地区赌博机网点大增,并进一步吸引了高利贷行业,从而还经常引发寻衅滋事、恶性伤害案件,甚至命案。

据了解,这个地区原来存在大面积的拆迁,很多失地农民有了房子和补偿款,却失去了日常性的谋生渠道。说白了,就是有了点钱,但不知道该干什么了,就容易坐吃山空。个别人开"黑车"拉拉活,还有一些人就玩牌赌博,包括使用赌博机赌博。这就是赌博机网点大量增加的原因。

这就说明在城市化进程中,要进行产业配套,从而促进农业人口向城市就业人口的转变,也就是要想办法促进失地农民就业,要给他们创造就业机会,让他们有事干。

因为工作不仅仅是为了赚钱,它也是一种生存方式,否则只有钱没有工作,就会让人感到精神空虚,容易诱发违法犯罪行为。

3. 治理资源科学调配

警力资源以及其他社会治理资源都是非常有限的,如果像摊大饼一样均匀分布就会分散用力,这与发案区域集中分布的现状不吻合。这会导致有的地方闲置资源,有的地方资源不够用的问题。那些资源不够用的地区,往往演化为犯罪高发地区。或者是犯罪高发地区由于缺少地理纬度的汇聚和定期分析研判,对这种资源分布不均匀始终没有清楚的认识。

这就导致一旦哪里出了问题,所有地方就都发力,其实这样并无太多意义,而且由于成本过高往往难以为继。整治结束之后,老的问题就容易死灰复燃。

因此,我们应该从全面治理向重点治理转变。

根据犯罪的地理分布的集中度的不同,确定治理资源的调配。

比如经常打架的街区就应该增加警力的设置，而且是常设性地增加，直到该街区的治安恢复到正常水平为止。

对于治安状况良好，或者极少有犯罪发生的街区就没有必要加派过多的警力，也就是说应当有一个动态的调节机制。

这个调节的依据当然就是轻罪治理地图的依据。

4. 有针对性的犯罪预防

除了犯罪打击之外，还有犯罪预防，有些地区案件多发也有提示不到位的问题，比如特定区域的群众法治观念比较淡薄。

法治观念淡薄未必体现为本人犯罪，也可以体现为自觉抵制犯罪、预防犯罪的意识不强。

比如危险驾驶入刑后，醉驾的危害深入人心，大部分人都会比较重视，很多饭店和酒吧的服务人员也会善意提醒，更加优秀的会与代驾形成密切合作，比如饭店门口就经常有代驾等活儿。

而有些饭店和酒吧门前就没有代驾，那里的服务人员也很少提醒客人。

醉驾是个人的事，似乎与饮酒场所并无直接的关系。但是醉驾犯罪极其特殊的一点在于行为人是在不清醒的时候犯的罪，这些行为人当时并无清醒的意识。

一桌上的人如果有清醒的，并能够负责把醉酒的人送回家或者帮助找好代驾，也就算了。

如果大家都喝多了，或者清醒者也不尽责的话，我们就只能期待不清醒的人还能保持理智吧。

但是不管什么时候，服务人员往往是最清醒的，如果他们能够善意地提醒，并且能够帮忙找到代驾，那么就能够在客人不清醒的状态下拉他们一把，也就相当于预防了犯罪的发生。

而在那个当下，服务人员也的确是最能够帮得上忙的人。

因此，如果我们能够发现经常产生醉驾的饭店和饮酒场所，就能够有针对性地开展一些犯罪预防，比如在这些地方张贴预防醉驾的广告，让顾客在饮酒之前就能够被提个醒，同时也能够督促服务人员在客人醉酒后有针对性地提醒。

这种有针对性的犯罪预防在个体上并不会产生绝对的作用，但是从概率上一定会发生一些潜移默化的作用。

而且这种定点性犯罪预防的成本更小，收益更大。

5. 犯罪风险提示

一个交通路口或者弯道，如果经常发生交通事故，交通管理部门会在这些地区设置一定的提示牌，提示司机注意，并通过引起司机注意而减少事故的再次发生。

这本质上也是一种预防行为。

但是如果一个地区犯罪比较多，比如经常发生"两抢一盗"的案件，或者是暴力犯罪，我们就可能建议自己的朋友别去或者小心点。但是我们能不能告诉所有的社会公众在这些地方要小心一点？

当然，如果媒体对这个地区曝光比较多，那么公众自己就知道要小心一点了。

这种报道某种意义上就是在进行犯罪风险提示。

有些人可能存在一定的顾虑，那就是让公众知道这些信息好不好？是不是对这些街区有负面影响？

如果司法机关明明知道某些地方某类案件的发生率很高，有些地区的发案率甚至是极高的，这种情况对公众而言就是一种不特定的风险，而这些风险是可以避免的，那么公众进入这些地区就意味着冒着一定的风险而不知情。

不知情就不会有防范性的措施，就容易成为犯罪侵害的对象，此时，对公众是否公平？

此时的犯罪风险提示就在另一个层面构成了公众的知情权。

当然，公布犯罪的地理信息分布，尤其是精确到街区等比较小的范围，也意味着将这些街区、楼宇、商家都列上了负面清单。这就有可能影响当地的经济发展，甚至让现有的居民也坐立不安，考虑要不要搬走。

那样，本来就已经破败地区反而会越来越破败，让破窗效应成为自我实现的预言。

这是一部分人的担心，但我觉得也不尽然，因为数据一旦公布，就一定会是动态的。

也就是根据现在公布的数据，即使某个地区比较差，非常落后，这也只是暂时的。

因为这并不意味着不治理了，相反，规划和治理资源都会相应跟上，从而提升治理的水平，直观可见的就是发案率在下降。

只要这个发案率下降的消息也能够及时为公众所知悉，即使当初的信心失去了，日后也是可以找回来的。

而且这种公布不仅满足了公众的知情权，也可以对基层治理产生倒逼机制，让问题加快得到解决。

这样一来，适当的公开也是有价值的，只是公开内容应该是有所限制的，这个问题可以再研究。

也就是说，轻罪治理电子地图是有公开价值的，也有必要性和紧迫性。当然，这种公开应该尽量避免个人信息的展示，应该更多展示的是汇总数据，比如某个社区在一段时间内发生的某一类案件数和趋势图。

小案与小事

案子分大案、小案。

有些大案会集全省全市司法机关之力,要不惜成本地办好。

这些案子影响很大,也非常复杂,为社会广泛关注,很多司法官都愿意办理一些这样的案件,不仅是立功受奖的机会多,即使啥也没有得着,只是把这些案件写到自己履历中也是与有荣焉,也会显得自己与众不同。

相反一些小案,很多司法官都不太愿意办,感觉没有技术含量,平平无奇,没有任何社会影响,即使办几百件几千件,也没有什么用,甚至都不如别人办一件大案子有用。

因为这些小案子说出去没人知道,几年之后可能自己也记不住了,它们太普通、太平常,办理这些案件也没有成就感。

因此,长期办这些小案子的司法官就会感觉自己的职业生命被消磨,自己没有得到重视,志气消沉,容易产生职业倦怠。

这种职业倦怠和消沉的工作态度,就容易导致司法官不太把这些小案当回事,或者只是当作一些小事。

不仅仅是他们,包括他们的同事和上级也很容易把这些小案当作一些小事,一些司法工作中的小事。

当然,这个小事自然是与大案的大事相对比而来的。

对于这些小案—小事,就不应该分配过多的资源和精力,因此就应该用更少的司法资源来办这种小案,从而实现繁简分流,提高司法效率,腾出人手办理那些大案—大事。

这似乎也是一种符合经济学原理的司法资源配置方式。

只是这种方式越来越极端，大案—大事所消耗的资源可以无限大，而小案—小事可以分配到资源的就接近无限小。

小到一定程度之后，就会达到无暇思索的程度，连稍微停留思考的时间都没有。

据说某些轻罪办案组年办案量已经达到 500 件，有些人可能以为这是大要案办案组办案量的 10 倍，那就错了，极端的情况是可能达到 50～100 倍。

也就是说办 50～100 件小案才相当于办一件大案，而且还不是特别大的大案。

这还没有比较轻罪办案组与大要案办案组的人数，如果是人均办案量，那这个比值就有可能达到 500 倍。听起来似乎太夸张了，但这就是事实，主要是这些大案办案组人数都比较多。

我想说的是，其实小案并不是小事，对当事人及其家属来说它们都是天大的事。

而且小案往往关乎民生，就发生在我们每个人身边，是我们最能直观感受到的案件，比如盗窃、危险驾驶、故意伤害等，这些案件占据了一半以上办案量，它们的处理直接关乎公众的正义观感。

大案很大，很重要，但往往与公众的距离比较遥远，而且发案的比例很低，很多公众不能直观感受到。

但是这些小案就是我们自己和家人可能遭遇到的事。即便我们不是行为人，也可能成为被害人。

而由于有些经济的、社会的机制还不健全，导致可能存在一些道德陷阱，让人稍不注意就可能陷进去，就可能成为罪犯。或者即使我们自己很注意，也不能保证我们的家人和朋友都能够那么注意，可能稍不留神就"进去"了。

家里有一个人"进去"了，你说这个家着不着急？不但是直系亲属，就连稍微远一点的亲属都跟着着急。

因为只要身边的一个人出事，我们就会感觉到，法律的触角已经伸到我们边上来了，下一个就可能是我们自己了。

虽然我们感觉自己一直是合法公民，但是那个"进去"的老张原来也是一个合法公民啊，平时也不遭灾、不惹祸的，为什么他会出事呢？想不明白。

如果想不明白他为什么会出事，也必然想不明白自己如何能够避免不出事。

这就是一种命运相关性,也即身边人会有一种命运共同体的感觉。

如果我们把这些小案当作小事简单处理,很多细节不搞清楚,就可能产生一些小冤案、小错案,小机械执法的案件,这些案件虽然有问题,但由于案件影响较小,关注度较低,刑罚较轻,因此纠正起来更加困难。

这就意味着小案不认真处理就会增加错误率,而错误率必然影响公信力。

老张身边的人是了解老张的,知道他可能是被冤枉的,老张出事的时候可能有目击证人,有了解案情的人,他的家人和律师也会帮助他收集相关的证据,这些证据可能帮助证明老张的清白。但是如果司法机关没有时间耐心倾听,那必然会增加犯错的概率。

很多时候,这个错也未必是白与黑那么明显的问题,未必是完全搞错了,但是处理的必要性可能把握得没有那么好。有不少轻微案件都是事出有因,都有一些虽然法律上没有依据,但是生活经验上有依据的合理化理由,如果你认真倾听,这些理由是说得过去的,是可以据此进行宽缓处理的。

只是认真倾听是需要时间的。如果你每年要办 500 件案件,每个工作日平均要处理 2 件案件,每个案件的处理时间只有个把小时。那么,你很难愿意对一件案件付出超过 5 个小时的工作时间,也就肯定不愿意在提讯的时候多问一问。

对于这些小案件,你更加懒得找相关的证人和证据进行核实。

你满脑子里想的都是以最快的速度处理完,具体的做法很多时候就是尽量忽略案件的特殊性,忽略辩解的理由,尽量进行模式化、公式化的处理。

你没有时间听嫌疑人多说一句,你的这种急吼吼、没有耐心的态度,嫌疑人能够感受得到。通过嫌疑人,他的家人和朋友也能感受得到。

即使这个案件最终能够判决有罪,也没有翻案。但是在嫌疑人、被告人心里留下的结是解不开的。他们通过亲身的感受发现,原来司法官根本不讲道理,至少都不愿意听他们讲道理。他们不知道司法机关分配到他们案件上的时间只有这么一点儿。

即使他们知道,他们也未必认可这种分配方式。

凭什么?那些大案子当事人的人生是人生,这些小案子当事人的人生就不是人生了?

凭什么?

说好的法律面前人人平等呢？

至少应该有一个最低水平的案件处理时间保障吧？

对不起，还真没有。

小案子现在正在被当作小事，分配到的处理时间一减再减，甚至有可能无限接近于零。

而大案子则被当作大事，所获得的时间和资源无限增大。

虽然这在经济学上看似有一些道理。但是可能这个道理被误读了，他们忘记了边际递减问题，大案子给的资源多到一定程度就没有意义了。

一个案件想要公正处理，就应该有一个最基本的时间保障，比如提讯不应该短于多长时间，对于嫌疑人提出的辩解应该认真核实，涉及的证据应当进行必要的复核和补充，与当事人沟通应该保有必要的耐心，不应让人感受到司法官的不耐烦。

也就是为了保证最基本的公正和公平，应该为案件设定最基本的时间保障和程序性保障，而不是在小案子上无限压缩。每位司法官的案件负荷不能超过多少，也必须确定一个最高标准，不能无限增加。

相反，大案子虽然很重要，但也不能无限浪费司法资源，也应该讲求一个基本限度，从而为小案子保留必要的司法资源。

小案绝不是小事，因为公正没有小事，关乎别人的人生的事不是小事，涉及绝大多数案件的公正的事更不是小事。

近年来出现的机械执法很多时候也是被无限提高的效率压力催逼出来的。

给小案以必要的时间，把小案也当作事办，有助于改善公众的正义观感，提高司法的公信力。

很多小案根本没有存在的必要

我写了《小案与小事》之后,有读者留言说:很多小案根本没有存在的必要。我深以为然。

但是我进一步想,这到底是对谁说的呢?

如果是对司法机关说的,那是不是说即使这些小的犯罪存在,我们也不应该管,或者说交给行政机关管就够了?

如果是对行为说的,那是不是说这些违法犯罪行为根本就没有意义,就不应该发生?

但是它们就是发生了,即使已经进行刑事处罚,它们也还是源源不断地发生。

这是为什么?

偷的东西价值不大,即使多次盗窃,如果价值仍然很小,确实可以考虑不纳入刑事评价范围。

但这并不意味着偷东西是合理的,是无所谓的,是我们可以完全不加理会的。

这个否定性的道德评价没有人会提出质疑,不以恶小而为之嘛。

事实上,如果对这些行为进行行政处罚,公众应该也不会有异议,甚至还会有不少人认为处罚得太轻了。

我理解,多次盗窃之所以没有确定入罪数额,目的就是否定长习犯,不能让人以此为业,不能让人偷习惯了。此风不可长。

但是我们也还要考虑刑罚巨大的负面作用,要适当缩小犯罪圈,但绝不是纵容和默许此类行为。

这类行为必须进行严厉谴责,轻微的也要进行行政处罚,严重到一定程度的应该进行刑事评价。这些行为绝不会因为刑法对其视而不见就不存在了，治理是必须的、应该的。

我觉得，这些似乎都不是读者想要表达的根本含义。

我觉得读者的想要表达的意思应该是很多小案就不应该发生，就应该让它们发生不了。

也就是在探讨如何能够最大限度地避免犯罪发生，尤其是这些轻罪。

行为人获得的收益如此之小，付出的代价却如此之大，实在"划不来"，不知道他们怎么想的，一点也不符合经济学逻辑。

也就是常人会感到这些行为人一点也不理性。

犯的是最轻的罪，但却同样定罪受罚，与其他重罪一样都会留下前科，都会带来巨大的污名性，实在是得不偿失。

也不能说行为人就是完全不理性的，相反，有很多人还特别理性。

比如超市盗。有些人是无意间漏扫才发现存在制度性漏洞，他们并没有马上铤而走险，而是进行一些极小额的尝试，故意漏扫一些价值非常低的物品，看看到底会不会被发现。

几次下来，亲测有效。

有的时候，还看到其他人也存在漏扫行为，也没有任何风险而安全离开。

这些迹象证明了什么呢？

证明了虽然有摄像头存在，但很可能根本就没人看。

他们也可能认为自己的行为太隐蔽了，即使有摄像头也不容易看清楚，因为他们也没有到中控室亲自查看过监控录像。

这些都是根据他们的有限经验进行的所谓"合理"预测。

在这里，存在着重大的信息不对称。

他们不知道摄像头可以特写，非常高清，对其一举一动都拍摄得很清楚。

他们知道的是，当时漏扫并不会马上启动报警机制，而是在走通道的时候会滴滴滴响。

这个滴滴滴响，是约束很多人一丝贪念的紧箍咒。

很多人以为超市一直都存在这样一个系统，事实上这个系统原来的确存在，只是近年来随着商品数量大增以及人力成本不断攀升，商超将这套系统废止了。

很多人直到自己无意之间漏扫或者看到别人漏扫的时候，才知道原来这套系统失灵了。

这就跟果园突然之间拆掉围栏差不多，好像可以随便进出了。

大部分顾客都没有司法官所拥有的这种内部视角——可以看清案件查获的情况，这种案件一抓一个准的现实情况。

虽然可能有一些新闻报道，但行为人总是有一种侥幸，觉得自己的手法高明，自己运气好，监控管理人员比较懒惰。

他们也不知道安保人员可以从中牟利，可以敲诈盗窃行为人，可以通过发现盗窃行为，根据买赔情况获得提成或者物质激励。

绝大部分人都不知道这里存在这样的灰色利益链条，导致安保人员很愿意看监控，甚至很愿意发现盗窃行为。

他们更加不知道的是，有些安保人员喜欢放长线钓大鱼。

钓鱼的人在放长线的时候，大鱼怎么会知道这是在诱敌深入呢？

他们还以为这是自己的高明和幸运呢。

每一次盗窃行为得手，行为人都会获得一些不健康的快感，这些快感让行为人更加不理智，进一步失去警惕性。

贪念让他们忘乎所以。

我们不能以正常人的理性来衡量犯罪人的理性。

此类行为人的特点就是有一种控制不住的贪念，他们的问题就是对自己的行为不能进行完全控制。

这么说，好像意味着他们就是有一些先天的问题，就是一种犯罪体质——有些过于绝对。

他们只是一些意志薄弱的人，而我们很多人都有意志薄弱的问题，都有一些遏制不住的欲望，有些只是道德问题，有些就要上升到违法犯罪的程度。

我们要问的是，为什么突然之间这一类犯罪多起来了？有些不可能犯罪的人为什么突然犯罪了？是他们突然变坏了吗？还是他们的意志突然变得薄弱了？

显然并不是，并没有什么因素让他们的品质发生巨变，而是有一些外部因素介入进来，发生了一些扰动，激发了他们原本的一些不健康的欲望，而配套的制约机制没有跟上，甚至通过故意不提醒的方式导致其越陷越深。

这种越陷越深来自一种诱导，也就是看着你一路错下去，故意不提醒。

这就像不负责任的家长或者教师，看着孩子逐渐染上恶习而不纠正。

这种不纠正会形成一种负反馈，不断提示行为人：这样做没事，没人管，不但你做没事，别人做也没事。

这样就会让行为人被误导，让他越陷越深，直到不能自拔。

这是一种信息不对称，明明有事，但就是不告诉你，让你以为没事，以为监控没人看或者监控坏了，以为自动防损机制失灵了。

自动防损机制失灵是事实，没人看监控却不是事实。但由于长期的不提醒，让行为人以为这也是事实。在这种情况下约束自己不作恶，就要全凭高度的自觉自律。

但这种高度的自觉自律，其实是极难做到的，所以古人也只是说君子慎独，没有要求所有人都慎独，这样的标准太高了。

很多人会跳出来说，我的自觉自律性就很高，我绝对不会偷。

这里有两个问题：

一是你还没有碰上，你没有发生无意间漏扫的情形，或者即使发生了，但你没有对账，你并不知道。在这种情况下你并非经受得住诱惑，只是诱惑还没有出现。

二是你现在知道了，超市盗其实很容易被发现，因此不会去做，这是因为你信息对称了。但是很多行为人无从得知超市盗一定会被发现，他们并不了解这个内部性的信息，他们在犯罪的时候信息是不对称的。相比之下，你知道了真相，你只是被外部的发现和惩罚机制约束住了而已。

我可以负责任地说，有相当一部分的行为人，如果他们也能够明确地了解到这个信息，他们也不会去偷，他们并没有那么傻。

当一个诱惑出现，而你又完全确定自己是不会被发现的，你会不会干坏事？

我们想想作梦的情景。在梦里，你面对一个诱惑，这个诱惑可能就是白天想干而不敢干的事，这个时候，梦里的你会不会去做？

不用回答，你在梦中的行为就是答案。

我们知道，现在网络暴力很多，很多时候就是这种匿名机制造成的。

很多人明明知道自己在进行网络暴力，但就是由于是匿名的，别人不会认出他们的真实面目，他们就会变得很暴力，这种网络暴力的事件发生了很多。

而这些网络暴力的行为人在现实生活中是不太敢这么干的,因为现实中有着明确的外部约束。

由此可见,这个外部的约束机制有多么重要。

不是我们内心不够强大,而是内心不够强大的总是大有人在,这就是人性,不用刻意考验人性,很多时候人性是经不住考验的。

人类社会的文明进程一再证明,文明的进步需要规则的约束,不能完全依靠个人内心的道德原则,如果道德原则失去了外部的发现和评判机制,也会变得苍白无力。即使内心有自己的道德律令,也需要通过外部的道德律令来进一步提供保障。更不要说人性中恶的一面,它更需要外部的规则进行约束。

可以说,所有人都有恶的一面,都需要进行外部约束。

只是有一些人比较自律,对外部约束的依赖相对较少,或者他们能够识别出更加外在和远端的外部约束。比如身后名,也就是在意死后的评价,或者更加遥远的期待和评价。

他们的视野比较广阔,眼光比较长远,他们将自己嵌入了更广的社会规范之中。

但是很多人并不是这样,他们的自我认知相对狭小,只有切近和切身的约束,他们才能感受得到,他们没有那么在意身后名和外在的评价。这样的人可能更多,我们必须建立及时性的发现和提醒机制。

比如自动防损的提醒机制,那个"滴滴滴"就很好,只要没有结账,出门就会触发"滴滴滴"的警报,保安就会上来检查顾客的商品和账单,如果对不上,就会让顾客结完账。

只要被"滴滴滴"一次,就不敢再这么干了。

因为人们不需要过于丰富的想象,就会知道那个无形的"滴滴滴"会约束着我们。而别的顾客看到有人被"滴滴滴",也会投来异样的目光,好像是在看真正的小偷一样。

这些切近的、外在的约束机制就能够激活人们内在的道德意识。

还是要老老实实结账,做一个诚信的人,否则就会陷入难堪,何必呢?

这比讲多少遍道理都管用,比判了多少人的刑罚都管用。

在已经废止了"滴滴滴"这种依靠磁条报警的机制的背景下,有必要根据目前自助结账机的现实情况，设计一些成本更低，但是发现更为准确灵敏的技术型自动防损机制。不仅让故意漏扫的人马上就能被发现，而且还会通过有声提醒的方式立即引起安保人员的注意，并向其他顾客发挥一定的公示作用，让大家看看是谁漏扫了。

也就是让慎独的状态建立不起来，时时提醒顾客不结账的行为随时都可能被发现。

这样一来，这个诱惑就根本不可能发挥作用。也就是在这种情况下，这些小案想发生也发生不了，因为无法发生诱惑＋慎独的心理状态发挥了作用。

通过技术手段提醒人们，规则就在身边，违法犯罪随时都会被发现，从而让人们放弃侥幸心理。

这样一来，不用很强烈的理性，只要常人的理性就可以认识到此时犯罪将是多么的愚蠢。

也就是根本没有必要。

这是我们应该追求的境界。

这个境界的出现不仅需要法治建设，还需要社会治理，需要二者共同推动。

第四章

类案研究

打通代驾的"最后一公里"

很多人认为,代驾的"最后一公里"只是代驾公司自己的问题,与司法机关无关。

但我要告诉大家,这一公里可以挽救很多人。

比如有的商圈不让代驾推着电瓶车进去,于是代驾就无法下地库,结果就只能让喝酒的客人自己把车先从地库提上来。

但是这一提上来不要紧,只要在地库出口被警察一查,就是醉驾了。

你是叫代驾了,但是你也醉驾了。

这一公里让你的人生无缘无故地搭进去了:前科不仅会给醉驾者本人带来污名化的效果,公职人员还会被双开,对子女入学、就业都会带来负面的影响。

这个影响就太大了。

谈到这里的时候,谁还会说这个事与司法机关无关?

最好的刑事政策其实是社会政策——我们不仅要打击犯罪,还要解决犯罪的源头。

如果一个人已经叫了代驾,只要能够和代驾顺利交接,完全可以避免醉驾犯罪的发生。

因此,某种意义上也可以说,解决代驾"最后一公里"的问题就是在消灭一些本不应该发生的犯罪。

因为这些犯罪的发生也有社会管理方面的原因。

比如商圈对于电动车的管理。初衷是好的,而且从消防安全上讲也是必要的,执行的也很可能是有关部门的规定。但是这个执行可不可以不要这么机械?

有人可能说,我们也没有不让代驾进去,我们只是不让代驾推着电动车进去。

代驾完全可以不骑电动车，可以骑共享单车，打车啊！

这样讲话的人，完全是不食人间烟火，没有起码的同理心。

代驾的工作时间往往是晚上，客人喝完酒都几点了？接完单总要早点回家睡觉吧，骑电动车总要比骑共享单车快吧。

而且开车一开就十几公里几十公里，一天干活干得那么累，谁还骑得动共享单车？再说也不一定有啊。

还有代驾接单，不是接一单就完了，他要接很多单，他还要尽快到达下一个目的地，送下一个醉酒的人，都是急活，没有电动车能及时到位吗？

说打车那位，更是没谱了。代驾一天一共挣多少钱？还打车。都是一块钱掰成两半花的人，谁能舍得打车呢？而且打车也不一定快，电动车马上就能走，反而更快一点，也更灵活。

从这个意义上讲，电动车之于代驾这个行业几乎是标配了。

也有人出主意，可以把电动车锁在外边，然后把车开出来再拉上。

这个主意看起来合理，其实也是缺少必要的生活常识。

很多商场的地库出口很多，对应着各个方向，你怎么能够准确判断喝酒的人想往哪个方向走？

当然了，接单的时候可能会有显示，但怎么确保能够找准相对应的出口呢？

不仅要找准出口，而且还要把电动车恰当地放到一个比较好停车的地方，如果停放电动车的地方不准停车，那么给顾客违法停车造成的损失谁来承担？代驾接一单又能挣多少钱呢？

更不要说顾客愿不愿意代驾这样磨磨蹭蹭地找电动车了，回头给一个差评，代驾又白干了！

这也是代驾让顾客把车提上来的原因，他要在交接的时候就把电动车放入后备厢，然后一点也不耽搁地给顾客把车开回家，这样效率是最高的，顾客的满意度也会比较高。

如果没有保安的阻拦，更可能的情形是代驾下地库找顾客，从地库把车开走。

但是这样如此自然的交接过程被一些商圈的管理规定拦阻了，结果就造成了一些悲剧。

这些悲剧完全可以避免，前提就是打通代驾的最后一公里。

阻拦代驾最后一公里的看起来是保安,看起来是商圈的机械管理,但其实是各自为政、各扫门前雪的商业运行模式和城市管理模式。

这种各自为政的现象就人为地为服务和商品流通设限,妨碍统一大市场的运行。

商圈为了自己的管理切断了代驾的路。

相关管理部门制定管理规范的时候没有考虑市场流通性的问题,没有考虑一些显而易见的特殊情况。

我说的这些现象显然不是一个商家的问题,也显然不是代驾这一个行业的问题。

当我们只是机械地考虑自己这个领域的管理问题,没有充分征求相关行业的管理意见的时候,会导致相关行业有意见也没处提,没有一个专门负责打通各种管理堵点的部门。

我们知道,12345热线解决市民问题解决得很好。

但是像这种行业性的问题,很难有一个代驾会费周折反映,因为毕竟醉驾的结果也不用他来承担,他的压力并不大。而那些已经醉驾的人打了电话又有什么用呢?自己已经犯了罪。而且一旦被抓,一时半会儿也打不了电话了。

而商圈呢,还觉得自己理直气壮,更是没有改善的意思。

这个时候往往是司法机关看到这种情况,看不下去才开始启动诉源治理机制,比如向相关单位发出检察建议,督促其整改完善。

但检察建议并没有刚性的强制力,如果被建议单位不改或者不及时改,司法机关也基本没有什么办法。而且这种检察建议的启动效率也不高,主要是并无一个固定的渠道让检察机关明确遇到这种情况时应该找谁。

我甚至觉得,应该专门设立一个社会治理部门,专门解决这些疑难杂症,解决城市治理中的堵点,打通各行各业的最后一公里。

如果可以,就从打通代驾的"最后一公里"开始吧。

如何确保代驾泊车到位?

代驾泊车不到位,是人为因素导致醉驾犯罪的另一种形式。

作为醉酒的客户,是很难监督和制约自身的。

我们必须面对这种特殊的局面,那就是客户不清醒时,判断能力和控制能力是减弱的。

所以相对来说也比较好糊弄一些,这也是代驾可能相对强势的原因之一。

更有甚者,可能让客户自己把车从地库提上来,从而也产生醉驾。

这是一种清醒之于不清醒,不着急基于着急的优势。

其实也不能说代驾不着急,因为时间对他们来说也是金钱,他们拥有的更多的还是情绪上的优势。

因为你没了我不行,你自己开车的话就是犯罪了,这种紧迫感让客户厉害不起来。

泊车不到位很多时候也是因为赶时间,因为这样可以更快地接单,因为在很多小区里停车都是非常费时间的,万一不谨慎还很容易发生剐蹭。

有的可能是代驾偷懒,有的可能真的是客户自己说不清。据说还真有人喝多了找不到家门的,如果这样,又让代驾怎么办?

代驾毕竟只是帮着开车,没有送客到门的服务,他也没有这个时间。

我觉得可以从五个方面来提高代驾泊车的到位率。

1. 提前预留详细车位信息

也就是在代驾平台的个人信息内容中,除了家庭住址之外,还要提前填写详细的车位信息。

这个信息要多详细？最好是让这个小区外的人可以根据这个信息能够找到车位，并且应当配上车辆停放在该车位的照片，照片中应该有相邻车辆或其他环境信息，从而方便识别。

最好的能够上传该小区的车辆分布地图，如果代驾平台能够提前获取各个小区的车位分布地图最好，因为个人很难获取。当然，这是一项巨大的工程，但非常有意义，这是解决代驾最后一公里的基础性信息。

2. 泊车后拍照

泊车入位后应该拍照并向后台上传泊车信息，上传照片根据用户预留的车位照片，通过智能识别后才会现实泊车完成。

这个环境识别没有必要像人脸识别那样过于精确，只要大致精确即可。在客户不清醒的情况下由算法识别相对可靠一些。

当然，我们知道算法也不一定完全可靠，也许停车入位就是没问题，但就是识别不了怎么办？就像有些共享单车明明停到位了，但就是不能落锁怎么办？这还让不让代驾干活了？这个也有办法。

3. 预留清醒联系人

那就是联系客户提前预留的清醒联系人，有清醒联系人在其手机端操作也可以确认停车入位。也就是在算法不灵的时候，由人工判断。

这个人工当然不是客户本人，因为他不够清醒，也不能是随便什么人，而应是其预设的可以信赖的人员。这个人大部分是客户的家人，这样就可以实现对客户的完整交接。也就是把客户送到了家人手里。

4. 人对人交接

这实际上就是人对人的交接了，这种交接应该比泊车到位还复杂，耗费的精力和时间也更多，那自然也应该收取额外的费用。

也就是客户可以选择这种额外服务，从而支付额外费用。

在开始人对人交接的时候，系统应该自动与清醒联系人联系，并向其提供车辆运行轨迹以便准备交接工作。

同时清醒联系人也应获知代驾的联系方式，从而与代驾主动进行联系，也可以为其指示车位的准确位置，这也能为泊车到位提供帮助。

5. 制定代驾行业的服务标准

代驾服务质量之所以参差不齐，主要是缺少行业标准，无法进行约束和规范，市场监督管理部门也不便对代驾公司进行监管和惩罚。

随着城市化进程加快和服务行业占比越来越高的现实，有必要对包括代驾行业在的各种行业进行标准化改造，从而建立一整套规范、高效的服务行业评价机制。

超市盗，商超是否有责任？

有人认为，商超是被害单位，还能有什么责任？被盗了就应该报警，让司法机关来处理，自己该干什么就干什么呗。

难道我家被偷了，还需要我自己买一把更贵的锁吗？

这个不好说。

但是如果被偷的时候，门都是开着的，我就会提醒你下次出去记得把门锁上。

这个建议合理吧？

超市盗其实是一样的道理。这里说的超市盗指的是在自助结账时通过故意漏扫等方式进行的盗窃行为。对于这种行为，商超也有改进自身防损机制的责任。

只不过这种责任，目前来看还不能说是法定的责任，也就是说目前关于自助结账的购物环境还缺少标准。因此，不好对商超进行处罚。但是对于改善购物环境，提升购物体验，商超是有自己的社会责任的。

商超一般并不是生产企业，也不生产产品，它提供给消费者的主要就是购物环境和购物体验。

人们来超市买东西，有时图的也是体验；如果图便宜的话，那网购商品往往更便宜。

结算方便快捷肯定也是购物体验。排队时间长肯定体验不好，自助结账能够减少排队时间，目的就是提高购物效率，提升购物体验。

购物体验好，当然包括快捷、方便、友好和安全。

别的不说了，谁也不想上超市买个东西就出事吧？

但是，如果商超的购物体验最后就是让更多的人犯罪，那还叫什么购物体验？

不仅是"进去"的人及其家人亲友，其他消费者也会有一种不舒服的感觉吧。

如果一个商超老是让人"进去"，而另一个商超通过自身的努力防止了超市盗，让消费者购物之后都能安全回家，你说哪个商超给人的购物体验更好呢？

当然，也有人说，你偷东西不是自找的吗，怪得着人家超市吗？

当然不能完全怪超市，但一个不容忽略的事实是，有的商超的盗窃案的确远远高于其他商超。

它们之间有什么差别？难道是去它那里购物的消费者素质低，去其他商超购物的消费者素质高？

很显然，并不是。

它们的区别就在于经营模式和防损模式上。

那些盗窃案件发生率比较高的商超，往往缺少对漏扫行为的防范性措施，也缺少防盗提醒。比如明明有摄像头，但是并不在明显的地方张贴提示信息，让人以为没有摄像头。超市的防损人员往往在暗处盯防，比如盯着监控录像，当消费者漏扫时故意不提醒，让消费者以为不会被发现。

自助结账机器对于没有扫码的商品，没有提示信息，看起来扫多扫少一个样，扫与不扫一个样，不做任何技术控制。

但是抓到一个就狠命要求赔偿，比如漏扫几百元，要求赔偿上万元，买赔倍数达到数十倍甚至上百倍。不仅要对公赔偿，有些安保人员还私下进行敲诈。

这些机制就在某种意义上构成了人性陷阱，只要有一丝贪念闪过，就会被不断放大，然后某些安保人员的这个恶念也不断膨胀。

在这些机制下，人们在此类超市自助结账必须完全凭借高度的自律，几乎没有其他外在的约束措施。

其实，所有的自律都是一种他律，如果把他律都抽出来，那个自律还有保障吗？

就像如果把红绿灯上的摄像头全撤了，人们还能像现在一样严格遵守交通规则吗？

与这些发案率比较高的商超相比，那些发案率低的商超又是另一番景象。

第一，在显著位置张贴防盗的宣传海报。

第二，在显要位置标示出自动扫码机上有摄像头，也就是进行足够的警示。

第三，配置必要的安保人员和监督人员来监督顾客结账，发现漏扫及时提醒。

第四，自助结账机器更加智能先进，可以识别出需要结账的商品个数，漏扫时会提醒。同时还配置平衡称，也就是只有待结算商品和已结算商品的质量保持一致才能放行。而且自助结账机器还定期进行升级。

第五，发现漏扫并不要求高额赔偿，而是要求等价赔偿，即使倒查发现多次，也是要求据实结算，只有顾客拒不结算时商超才报警。

第六，买赔流程规范，很少有安保人员敲诈顾客的情况发生。

这显然是另一种购物环境和购物体验。

在这种购物环境之中，超市盗就很难发生，除非是真的将物品藏在自己的口袋和背包之中，否则很难进行盗窃。而这些人员往往是顺手牵羊，他们并非职业的惯犯，并不具备高超的盗窃技巧和胆量。

当防范措施达到一定的水平后，就很少会发生超市盗的案件。

在这里购物的消费者并非本身的自律程度更高，而是更高水平的他律让他们变得更加自律。

是好的规则约束了人性之恶。

当然，目前没有关于自助结账购物环境的硬性标准，我们确实没有法律依据来要求那些经营模式较为落后的企业必须进行改进。

但是我们建议它们改进总可以吧？

因为一个企业除了法律责任之外，还有社会责任，也就是为社会创造更多的正面价值而不是负面价值。

除了增加就业和多纳税之外，还有为社会创造更好的商业体验，提升商业文明水平的社会责任。

我想，这其中绝不可能包括创造出更多的罪犯吧？

如果由于自身经营模式的问题增加了犯罪的可能，成为犯罪的诱因，那么这个社会责任可能就没有尽到位。

而且长此以往也必然影响商超的竞争优势。

谁愿意去经常把别人送到监狱的商超买东西啊？

但是有人会强调，只要我高度自律我就安全啊。

但是你能够你确保你所有的亲人都自律吗？都完全没有爱占小便宜的心

理吗?

你没有爱占小便宜的亲戚吗?

如果有,你希望他们去哪一家超市购物?

即使贵一点,我也希望他们去那些管得严的超市,至少那里能够避免他们犯错误。

能够避免人犯错误也是一种商业价值。良好的规则和管理机制也是一种好的购物体验。而这种好的购物体验是有竞争优势的,即使它一开始的成本更高,但是长期下来它就可以创造更大的规模优势。

从这一点上,放任甚至诱导消费者犯错的环境,虽然一开始成本很低,但是这种体验一旦被消费者知悉,路就会越走越窄。这实际上是将改善自身经营模式的成本转嫁给消费者和司法机关。

它自身节约了一点经济成本,但却是以牺牲一个又一个消费者的人生为代价的。

这是社会和消费者所无法承受的代价,这可不是经济成本那么简单,这是最大的社会成本。

这样的商超,我们难以将之视为负责任的企业。

漏扫率与超市盗

一提到漏扫，我们往往以为是人的行为问题：或者是故意的漏扫，或者无意的漏扫。

事实上，还有一种可能，就是扫了也扫不上，除非是每一次扫码时都盯着屏幕，否则就容易错过扫了也扫不上的时刻。

这个扫了也扫不上，就是自动收银机的漏扫率。

在纯人工收银的时代，我们也记得，有些商品的确是收银员也扫不上的，此时收银员往往要再试几次，有时候就又扫上了，有的时候干脆就是扫不上，然后就手动录入一些货号，从而完成结算。

但是消费者能否像收银员这么专业，这么有耐心呢？显然是不可能的。

一方面，自助收银机本身就有一定的漏扫率，虽然只有几个百分点，那也意味着买一百件商品就可能有几件扫不上。

如果顾客不是每一次都认真核对，就可能发现不了。

甚至还有消费者习惯性地以为，我每次都扫一下，就已经很认真了，再每次都核对一下屏幕，不是有点强迫症了吗？

另一方面，自助收银机被商超宣传得极其精准和智能，导致顾客过于信赖机器的可靠性，从而产生一种盲扫效应，也就是只是注意是否扫了，并不注意扫上没有。在这种情况下，顾客推定机器不可能出错，即使出错也不是自己的错。

如果收银员收错了钱还有可能被扣工资，而顾客扫错了，有没什么惩罚措施呢？好像也没有。

再加上，消费者本身就不是职业的收银员，他们在手法和熟练度上都差一层，即使在机器漏扫率有限的情况下，也可能进一步放大这个差错率。

也就是即使顾客看起来很认真地扫，绝没有偷的意思，也可能产生一定程度的漏扫率。也就是说，可能无意间就产生了少付钱而多拿商品的情况，无意间就可能占了超市的便宜。

而现在很多超市的商品普遍不设磁条，当一个商品未经扫码结算就离场时也没有报警机制。

理论上说，顾客完全不结算直接离场，可能都没人发现，因为没有自动的报警机制。

而且现在由于受到电商平台的竞争压力，导致实体超市的利润降低，在其他运营成本不容易降下来的时候，唯一可以降的也就只有人工成本了。

这也是为什么各种超市都开始引入自助收银机的原因，其实是成本压力倒逼的。

这也可以理解，站在收银机旁边的工作人员并不是为了看着顾客有没有漏扫的，主要是教顾客如何扫码的。把顾客教会了，比防损还重要，因为人力资源的成本要比货品损失的成本大。

如果让更多的人习惯了自助收银机，就可以用更多的机器来取代人，从而进一步提高自身的成本优势与电商平台竞争。

在多重背景下，无意的漏扫就很难被发现和提醒，这样一来就会产生恶意唤醒效应。

在越来越多的无意漏扫之中，就有部分人，回家后好奇地对了一下购物小票。

就有人发现，有些东西没有付款怎么也没事呢？是不是超市有一个隐蔽的漏洞被我发现了？

再一回忆，自助结账就好像没人管一样，想怎么结就怎么结，即使有工作人员在旁边，他们也不干涉，他们只是辅导顾客扫码的，如果你不找他们，他们也不会找你。而且也没有什么机器或闸机提醒我漏扫了。

但是怎么确定这一定是一个漏洞呢？再试一次就知道了。

这样一来，下一次就不再是无意漏扫，而是故意漏扫了。

但是初次"做贼"，总会心虚。难免要左顾右盼一下，对身边环境格外警惕，这些异常的动作都会在监控录像中显露无遗。

难道这些人不知道扫码机附近应该有监控录像吗？

有些人还真不知道，因为这些监控录像都比较隐蔽，而且没有张贴明示的标识。

这就让初次盗窃的消费者，感到自身是安全的。

而且再次漏扫之后，超市没有自动提示的事实更让他们确信，这真的是一个漏洞，否则怎么会没有人提示他呢？

在既没有技术提示防范措施，又没有监控盯防，尤其是没有人为监管的情况下，好像通过自助结算进行故意漏扫盗窃，就变得十分安全。

每一次盗窃成功，没有被及时发现，就是对这些盗窃行为变相的鼓励，次数越多，鼓励就越大，就会变得一发不可收拾，人性就会这么堕落下去。

我们应该怎么挽救这些人？

我觉得就得从他们堕落的外部原因开始。

一是降低机器漏扫率，当漏扫率足够低，当人们的扫码手法也日益熟练时，就会产生一个情况，那就是无意漏扫率也会大幅度下降，顾客觉得系统可能有漏洞的情形就会降低。

顾客发现漏洞的机会降低了，也就不会铤而走险了。

二是即使漏扫率不能迅速下降，但是只要技术防范提醒足够及时、高效，也能够在总体上降低漏扫率。

也就是虽然机器也有不灵敏的时候，当顾客以为扫上了，但实际上却没扫上的时候，机器就会提醒顾客再次扫码。

比如通过人工智能的方式，识别出需要扫码商品的数量，通过这个数量来监督顾客扫码的数量，如果两方不匹配，就通不过。通过质量平衡称也可以发挥同样的作用。

三是在人工盯防时，只要发现漏扫就及时提醒，甚至可以公开提醒，比如广播称谁漏扫了，让顾客感到不好意思。这种情况下就会增加盗窃的成本，从而产生潜在的预防效果。

通过这些举措才会形成一套预防超市盗的规则体系。

好的制度可以让坏人不作恶。

自助结账盗窃需要治标更要治本

相比较而言，盗窃是一种传统的犯罪形态，自助结账是一种新的商业形式，其最重要的特点就是"无人"。自助结账能够减少结算排队时间，提升顾客购物体验，降低人力成本。

自助结账的优势在于"无人"，但目前的缺陷也在于"无人"。没有收银员结算，也就没了收银员的监督。普通顾客结算的熟练程度必然低于专业的收银员，比如扫码时会忽略物品与屏幕清单的一一对应，没扫上码却以为扫上码了。在自助结账通道不成熟的情况下，即使漏扫了，也没有任何仪器对漏扫的情况予以提醒。在人的不熟练与技术的不成熟叠加的情况下，就必然增加了失误性的漏扫。这些失误性的漏扫一旦被顾客发现，就可能让顾客以为发现了自助结账的漏洞；几次漏扫都没有得到提醒的话，就会强化顾客对自助结账漏洞的确认，从而引起占便宜的心理，利用这一漏洞偷拿一些物品。

不得不承认的是，这种故意漏扫也是一种盗窃行为。但是这种盗窃行为是否应该按照犯罪来处理？因为相当比例的行为人是因生活窘迫才故意漏扫的，其自助结账盗窃的数额都非常低，有些只有几十元，或者一两百元，而且偷的又都是极低廉的生活必需品，比如蔬菜、方便面、火腿肠等；还有不少行为人的受教育程度很高，盗窃的目的是排解生活和工作压力。这些行为既有可谴责的地方，也有可同情理解之处。除了顾客自身的问题之外，商超自助结账通道建设本身也存在不完备之处，在漏扫行为发生时，有的商超安保人员明明已经发现也不提醒，导致顾客陷入自助结账通道可能存在故障的错误认识，从而由过失性漏扫向故意性漏扫转变，这不仅没能预防犯罪，反而诱发了犯罪，形成某种意义上的"人性陷阱"。事实上，不健全的自助结账模式正是商超盗窃频发的制度性诱因。因此简单的刑罚手段不仅不能解决犯罪，反而还可能助长其他犯罪的发生，实践中就存在安保人员借漏扫进行敲诈牟利的案件。

自助结账通道的不完善不仅与部分商超的粗放型管理有关，还与自助结账通道缺少行业标准有重要关系，目前由行业主管部门制定的《超市购物环境标准》是在自助结账通道出现之前颁布的，缺少对"无收银员结账"这种新型购物方式的考虑。而没有自助结账购物环境的标准，也就难以对商超提出管理上的普遍要求。

目前，北京市检察机关不仅制定了此类犯罪的捕诉标准，在多次盗窃的追诉标准上实质地考虑可罚性不唯次数论，同时还向发案较多的商超发出检察建议，与相关部门联合开展犯罪预防宣传，并向行业主管机关发出检察建议，共同完善自助结账通道的购物环境标准，共同研究制定商超企业治安防范规范，统一损失赔偿标准，制定防损应对措施，畅通举报投诉渠道，避免引发次生廉洁风险和其他犯罪，整合社会力量实现对自助购物环境的治理，从而实现标本兼治的功效。

漏扫盗窃与夹带盗窃是否具有同质性？

同样在超市偷东西，通过在自助收银机漏扫码实施的，与把商品放在包里、口袋里直接拿走的，有什么本质区别吗？

这是我们研究利用商超自助收银机盗窃的案件绕不开的话题。

我们首先面临的一个问题是，整体上的盗窃案件呈现下降的趋势，传统的在超市中夹带型的盗窃案件也呈现下降的趋势。

但是利用商超自助收银机漏扫码的盗窃案件数量却逆势上涨，很多高学历的人员也成了罪犯，而这些人是根本不可能通过夹带等手法进行盗窃的。

也就是在没有自助收银机的时候他们根本没有偷过东西，也没有想过偷东西。但是有了自助收银机他们却偷了东西，而且这种现象还有增加的趋势。

如果两种盗窃手法完全具有同质性，那为什么会发生这种现象？

因为很多人认为夹带才是盗窃行为，漏扫行为不太算盗窃，但毕竟是没付钱，也不想付钱，说完全不是盗窃好像又有些勉强。

这一类盗窃行为人，他们内心仍然也有一丝羞耻感。那就是他们不会像传统意义上的小偷那样偷东西，因为他们并不是真的要当小偷，虽然客观上他们也实施了盗窃行为。

事实上，传统的夹带行为具备了一种经典的盗窃者形象，这种形象是卑下、猥琐的，天然违背道德，是要受到谴责的，是强烈违背内心的道德律令的。

所以，如果没有漏扫码这种便利的机会，或者说一旦通过技术手段让漏扫码变得不可能，他们也不会非要通过夹带方式进行盗窃。也就是说，对于这些人来说，他们并不是非要盗窃不可。

他们只有在非常方便的情况下，在有明显的空子可钻的情况下才会违背法律进行盗窃。

即使被人发现也可以说只是忘结账而已，也丝毫不尴尬，似乎完全不像小偷。

他们属于犯罪行为的摇摆者，只要有基本的防范措施，他们就不会去挑战，但是如果毫无防范措施，他们也并不介意顺手牵羊。

而且这里边还有一个重要的问题，那就是自助结账机与收银员存在本质的区别。

收银员是人类，他们除了收银之外，还会给顾客产生一种监督压力。比如在向收银员提交物品进行结账的时候，收银员会问：还有吗？

如果没有了，当然可以理直气壮地说：没有了。

但是如果夹带东西了，会有什么样的表情和回答？

可能会怯生生地说：没有了。

如果收银员反问：你确定？

那可能就会心惊肉跳。

如果的确想偷东西，当然就会狠下心，厚脸皮，一副若无其事的样子。

但更有可能的是，直接走无购物通道。

其实无购物通道往往也有监管人员在，他们也会以犀利的眼神看着你，有时候也会问一下，抽查一下。

这就意味着你仍然要冒着很大的风险，并且要有极强的心理素质，也就是击穿自己的道德底线，才能干夹带这种事，一旦发现就会被确定无疑地认定为盗窃。

因此在通过夹带盗窃的时候，必须对犯罪行为有一个心理建设：死心塌地地走犯罪这条路。

在某种程度上可以说，这种盗窃行为其实是自助收银机这个高科技新生事物初期的产物，是配套机制不健全的产物，是可以通过完善配套机制完全消灭掉的。

这种贪念根源于人们在慎独状态下不能严于律己的心理状态。

这是科技发展之后的一种道德风险，随着科技进一步完善，就可以降低这种道德风险。

科技设备疏漏越大，就越是容易放大人的道德风险，但不应因为这种疏漏，就说都是人的过错，就都要人来承担罪责。

科技设备和配套机制也要承担一部分责任，并对自身加以逐渐完善。

可以说这一部分的盗窃犯罪也有社会的责任——有些社会规则使好人变坏了。

使好人变坏，有好人自己的问题，因为他没有坚守住慎独的自律。但是我们必须承认，慎独的自律并不是对普通人和所有人的要求，它是高于常人的道德要求。

因此，完全将此种盗窃与传统盗窃相等同是对人的一种苛求，而且也必然会失去解决社会问题的机会。

这个科技发展的道德风险一日不通过完善配套机制予以解决，通过这种道德风险对普通人的引诱就一日不能根绝，就会有更多人逐渐陷入犯罪泥潭。

从某种角度说，这才是犯罪的真正原因。

也正因此，对此类犯罪应该适当提高犯罪门槛，没有必要将其与其他盗窃犯罪同样看待，其主观上存在被引诱的问题，其社会危害性中包含了社会机制的过错。

我认为这种科技社会发展所带来的道德风险，超市盗绝非孤例，以后可能会越来越多，因此我们在判断犯罪危害性的时候一定要思考其是否包含着社会责任和机制过错。

这些第三方的责任和过错应该成为此类犯罪减轻刑责的重要原因，也是开展诉源治理的主要方向。

理性人假设越来越值得怀疑，我们必须站在社会和科技发展的角度，才能客观地判断刑事责任。

是谁打开了"超市盗"的潘多拉魔盒?

为什么很多有着高学历、稳定工作的人,也成了"超市盗"的一员?他们真的差这几十元、几百元钱吗?

我也承认,品行其实与学历之间并无绝对关系,一个人的学历再高,也不能保证他没有贪欲,不会顺手牵羊。

但是我们知道,超市并不是新生事物,这种商业模式进入国内已经几十年了,如果他们想偷,为什么以前不偷,偏偏是一上自助收银机就开始偷了?

对于这个问题,其很多犯罪学、社会学的研究并没有给出答案,新闻也未见深入挖掘,但偏偏在我研究到自助收银机的工程学原理的时候,在这些工程学的论文中发现有学者提到了,也就是自助收银机的机器是存在道德风险的。

是的,工程师在设计这个自助收银机的时候就已经意识到这个问题了,那就是道德风险。

什么是道德风险?

那就是增加了犯错误的可能。

1. 自助收银机存在漏扫率

漏扫率也就是即使正常扫码,即使在动作规范的情况下,也会发生几个商品扫不上的情况。

如果动作不够标准,那么漏扫率就会增加。

如果标签发生褶皱,尤其是称重的商品,漏扫率还会进一步增加。

也就是说,不管怎么认真,都不能实现100%的扫码成功,这个漏扫的数量会随着使用人数和使用人次的增加而增加。虽然你扫码每次都成功，但并不等于别人也每次都成功；你这次成功，并不等于下一次也成功，更不等于总是成功。

2. 顾客是业余收银员

从超市回来，你会将购物清单和付款记录核对一遍吗？

反正我从来没核对过。

清点货物和收取费用本来就是卖方的义务，并不是买方的义务。买方的义务只是根据卖方的要求支付价款，如果卖方算错了，那也是卖方的过错。

当然，从民法上讲，如果买方少付了钱，就属于不当得利，应当返还，但绝对跟刑事责任扯不上一点关系。

卖方履行义务的代表就是收银员，由收银员代表卖方履行清点和结算业务。为了避免收银员的遗漏，商超还设置了漏扫的提示系统，也就是在商品上贴上磁码，一旦漏扫就会在出门的时候触发警报。

收银员＋漏扫预警系统就构成了确保结算准确的闭环结构。

这其实是代替以前商场中一手交钱一手交货，或者开票交货等烦琐结算模式的一次飞跃。

购物从由售货员代为挑选转变为消费者自取，这也是购物模式的一次飞跃，不仅提高了效率，也提升了购物体验。

为了确保交易的安全，专业的收银员＋漏扫预警系统就成为一种必须。

现在的问题是这两个都撤了，但没有足够安全的替代措施。专业的收银员撤掉了，换做业余的收银员即消费者来结算。

业余的收银员的操作不仅是效率低，而且准确率也低，就像一个新招录的收银员，会经常发生错误，扫不上或者扫错了一样。

如果真的是收银员，一定会急出一脑门汗，因为扫错了会被扣钱。

但是顾客并不会那么认真，很多人手法不灵敏但非常自信，并没有那么多人仔细盯着屏幕一个一个比对着扫，谁会那么认真呢？你又不是超市员工，也没人扣你的钱。

而且很多人会非常迷信这些高科技的东西，以为扫一下一定灵呢，但事实不是这样的。

这个手法的不灵敏与机器的不灵敏叠加,就是翻倍的漏扫率。

3. 漏扫并不会被提醒

上面提到,从商场时代进化到超市时代,除了收银员还需要漏扫提示系统,如果没有漏扫提示系统,肯定会增加漏扫的概率,而且这还怪不到顾客身上。

但是现在漏扫提示没有了,而且很多顾客都不知道。我要是不研究"超市盗",到现在我也以为这个提示系统还在呢。

随着人力成本的上涨,再加上商品数量的极大丰富,安装漏扫提示系统,尤其是给每个商品安装磁码并录入相应数据的成本变得越来越高,高到商超宁愿丢点货也不愿意维持这个漏扫提示系统了。

这样一来,就等于防损安全系统的城门大开。

因为机器和顾客人工的双误导致漏扫率大大增加,碰上一部分回家对账的顾客,就会发现这个窗户纸真的破了。

他们会惊奇地发现,自己有几件商品没扫,但根本就没有任何提示,没有任何阻拦地就让他们离开了商场。

这就用事实证明,漏扫提示系统根本就不存在了,即使有电子闸机,也是摆设而已。

不仅机器没有响,保安也没有阻拦,这似乎也意味着虽然可能有监控录像,但其实根本没有人认真看监控,所以根本就不会被发现。

为了验证这是否是猜测,就有一些人怀着各种各样的心理,想试一下,有的可能以为好玩儿,有的觉得挺有意思,有的可能是想占点便宜。

当第二次、第三次的故意漏扫尝试再次被证实根本是畅通无阻时,就完全坚定了这些人的信心,认为自己发现了一个隐蔽的小技巧。

最重要的问题是,完全无人监管,就好像在干了坏事也无人发现的情况下,自己还会不会干一样,这就形成了一种道德风险。

它让一些道德感薄弱者失去自我控制能力。

而这个道德感薄弱者在一个社会中是一个稳定的常数,只有严格的他律才能保证他们不犯错误，一旦这个他律抽离，他们犯错误的可能就会增加。

正因为放大了行为人犯错的可能性，工程师才会说这个自动收银机有道德风险。

4. 对于漏扫率并无规范性的要求

商家将人工收银替换为自动收银机并没有任何限制，而且作为新生事物的收银机也没有统一的漏扫率标准。

没有规范性文件要求自动收银机的漏扫率要降低到什么程度，对于一些褶皱标签能够识别到什么程度，在快速扫码、连续扫码的过程中，自动收银机的稳定性要维持到什么程度……都没有明确的要求。

同时，漏扫提示系统的撤除也没有任何限制性的规定。

在收银员和漏扫提示系统同时撤除的情况下，如何确保防损机制的安全性并没有替代性的制度安排。

说白了，没有人为人工智能时代的超市自助结账模式进行统一设计，缺少科技化信息化时代的商超购物环境标准。

缺少标准和统一的规范，就会使自动收银机的安全性和可靠性参差不齐，再加上漏扫提示系统的撤除，又会在极大程度上增加顾客被错误暗示的风险。

越来越多的顾客会被无意的漏扫暗示超市的结账模式存在漏洞，而且经过一再的尝试还没有提醒的情况下，就会坚定这个错误信念，从而使错误信念逐渐演变为犯罪故意。

这就相当于打开了潘多拉的魔盒，一发不可收拾。

再加上有些商超的安保人员为了自身利益不愿意及时提醒：根据我们审查的证据发现，很多报案使用的监控录像的日期其实早已超过了该商超监控录像的保存时间。

比如，商超监控录像的一般保存时间是 1～3 个月，但有些报案用的监控录像可能是半年前甚至一年前的，这就说明商超早就知道顾客实施了盗窃行为，但就是不提醒，甚至故意"养案"。

养到一定程度再报案，从而确保顾客构罪并重判。

这种养案模式让顾客越陷越深,让潘多拉魔盒越开越大,直到无法收拾。

而且由于"超市盗"存在瞒天过海这种公开化特征,非常具有传染性,很容被人看见。如果你看见别人漏扫了也能顺利离开,虽然自己并没有漏扫,但也可以得知这个安全漏洞,也可能引发尝试和效仿行为,从而也步他人后尘。

从这个意义上来说,光靠惩罚是解决不了"超市盗"这个问题的,因为机器和人工双误,无意漏扫始终存在,漏扫体系漏洞缺失,让漏扫失误变得无法挽回,这种随机的概率,必然会暗示更多的人,诱发更多人的尝试,挑战他们的意志力,在他们尝试的过程中又会成为其他人的错误示范,这就会使得这个犯错误的可能不断变成现实。

这个由高概率漏扫引发的错误概率和自律失败概率会产生一种裂变效应,随着自动收银机的普及和使用率的提高会不断放大,使"超市盗"犯罪激增,接连影响一个个年轻的人生。

这几乎是难以通过教育和宣传避免的,因为你不知道谁会的潘多拉魔盒会被激发,何时会被激发。

唯一可行的路径就是在科技发展带来防损安全大敞口的情况下,尽快通过完善自助结账购物环境的方式,完善科技时代防损标准的方式,从源头解决问题。

这也是自律的问题,与内在的教化相比,外在的他律机制同样不能忽视。

这就是法治的价值。

超市盗的衍生犯罪治理

在实践中,超市盗案件存在"养案"的问题。也就是发生了超市盗却不报警,而是养着,等到次数比较多的时候再报警,并从中也敲上一笔。

表面上商超人员都会矢口否认"养案"的情况,声称只是发现被盗事实后,倒查出来好多笔事实,之前完全不知情。也有个别人员说总部也转来提示,只是未加注意,这一次终于注意了。

这些话似乎难辨真伪,但监控录像往往可以吐露真情。

因为商超对于保存监控录像有一定的时间限制,比如一至三个月,或者三至六个月,超过之后就要被覆盖掉,因为存储空间毕竟有限,这也是监控录像存储机制的通例。

但是如果我们仔细验看监控录像的生成时间,就会发现很多监控录像都远远超过了规定的保存时限,这就意味着这些录像早就被有针对性地保存下来,也就意味着安保人员早就将个别顾客盯上了,并掌握了他们实施盗窃行为的事实。但安保人员就是不提醒,既不制止,也不报警,而是任由事态发展,直到严重到一定程度。

在这个过程中,安保人员精心截取了每一次的录像,为走刑事程序做好了充分的准备。

很多安保人员现在都知道盗窃这么少的数额,只有三次以上才构罪,因此必须攒到三次以上才行。如果一次就报警,或者两次就报警,就构不成刑事案件,就不能进行刑事拘留,进而逮捕、起诉、判刑,从而对顾客没有什么威慑力。

这样,顾客就不会特别在乎,也不可能给出太多的赔偿金额。

知道这个入罪标准之后,就一定至少要等到三次再报警。但后来又发现第三次报警的时候很有可能导致未遂,从而导致不够既遂三次,也不好入罪,现在知道至少要四次才报警,这就导致几乎没有第三次报警的,至少都是四次起。

但自从检察机关对超市盗开始治理,并逐步落实宽严相济刑事政策和少捕慎诉慎押刑事司法政策之后,对不少这种次数比较少,金额也比较少的案件,往往也会不捕不诉,这样一来要求超额赔偿也就没有太多砝码了。

随之而来的是,报警的起点次数也跟着越来越高,至少是七八次,十几二十次的也非常多,这就使得"养案"成为一种需求。

及时报警,虽然能够制止犯罪的发生,但对商超和安保人员自身没有太多的好处,因此报警的"动力"就不是很足,"养案"的兴趣却非常浓厚,虽然这要投入非常多的精力来盯着监控,及时留存监控录像记录。

有这个精力其实可以及时制止很多的犯罪,但是精力都没有用在早期预防上,而是更多地用在引诱和纵容犯罪上了。

因为这里有一个利益链条,那就是犯罪越重,安保人员的利益就越多;而不是预防效果越好,利益最大。

有些商超是将买赔金额作为一种绩效考核依据,从而给予奖励。同时,发现的盗窃案件越多、数额越大,也就显得安保成效越突出,安保人员就越是有存在的价值。

这可能有商超本身的考核导向问题:不是鼓励风平浪静,而是希望形势严峻。

相比之下,花那么大力气将犯罪扼杀在萌芽中就是一种受累不讨好,白白浪费和付出。

但是"养案"就能实现利益的最大化:体现了刑事处罚严峻的同时,还体现了安保人员立大功,抓大案。殊不知这个大案就是从小案演变过来的,这个演变的恶果很大程度上是拜安保人员所赐。

更有甚者,某些安保人员不仅仅是为了获得绩效奖金、工资提成,而是为了从中非法牟利。尤其是消费者在被采取强制措施的情况下,那家属真就成了热锅上的蚂蚁。想方设法让安保人员出具谅解书,从而使自己家人能够被从轻发落。

在这样的情形下,有些安保人员就会端起架子,明示或者暗示地要起钱来。

行为人盗窃几百元一千元,安保人员张口就要六七万赔偿金的情况在现实中是存在的。

在这种紧急的情况下，往往是安保人员说啥就是啥，安保人员让怎么做家属就怎么做，只要能拿到谅解书就行。因为没有这个谅解书，行为人就很难摆脱刑事指控。

而且很多时候，这些钱根本没有入到公司总部的账上，而是进了个人的腰包。

在某种程度上，这就构成了敲诈勒索，而且还存在窝案串案的迹象。

因为这不是一个保安能够做到的，往往是一个群体的配合；不是一次，而是很长时间的多次，而且不同超市的安保人员还存在"经验交流"的现象，容易使这种超市盗的衍生犯罪蔓延开来。

系统治理超市盗犯罪，就应该深挖衍生犯罪。因为这种敲诈勒索的衍生犯罪，实际上是通过"养案"等方式，为了一己私利，让部分顾客越陷越深。

盗窃固然是不对的，但在机器自动提醒缺失的情况下，人工能够及时提醒时还不积极提醒的，也是增加犯罪概率的一种诱因。

这其实就是在通过诱发犯罪的方式实施犯罪，这是一种引发犯罪的犯罪，对这种行为的处理，需要体现宽严相济中严的一面。

因此，及时深挖细查超市盗衍生犯罪，对于完善防损制度，挽救意志并不坚强的人是非常重要的。

及时提个醒，将更多的犯罪扼杀在萌芽中。也就是通过完善他律机制的同时，帮助人实现自律。

为什么超市盗增多,自助收银机却有增无减?

这几年,因自助收银时故意漏扫而引发的盗窃案不断增多,但商超还是坚定地走自助收银路线,有的大型超市甚至只剩下一个人工收银窗口了。

那么,问题来了,超市就真的不怕偷吗?也就是为什么超市宁可被偷,也要换上自助收银机?

答案只有一个:自助收银机更划算,即使盗窃增加不少,也还是划算。

这也从另一个角度说明了人工成本相比于机器成本太高了。

我们都知道,随着科技的发展,尤其是人工智能的发展,早晚会有不少工作岗位被人工智能替代,我们不知道的只是具体会有哪些岗位会被替代,在什么时候被替代。

这几年无人驾驶技术在不断推进,虽然进展得没有想象中那么快,但其应用场景却越来越多,比如无人货车在园区配送等方面还是取得了不少进步。虽然这还不会对出租行业带来太大的冲击,但是这种压力是显而易见的,甚至可以说这种替代也是早晚的事。

就比如自助结账的先行一步。

前些年,完全的无人商店火过一阵,后来就没什么动静了,但确实带来了两个折中模式。

一种是只有一名服务员的 24 小时小超市普及开来了,这个服务员的主要工作是理货,或者整理一些食品,收银就由顾客自己操作了。

另一种是大型商超上了不少自助收银机设备,原来只是上一两台尝试一下,这两年是越来越多了,基本上成了收银的主要渠道了。

从这个意义上讲,商超收银员这个职业正在被替代。

虽然这个过程中还存在很大的不适应性，比如顾客由于操作不灵活，导致无意之间的漏扫，这必然会导致一些损失。进一步引申出来的是，有些顾客受到自己行为的启发，不断故意漏扫，有的顾客漏扫的次数还不少。

但从总体上来看，每次漏扫的商品金额还不是很多，虽然案件数量增加不少，但与整个适用人群数量和使用频次相比，还是非常低的。

这里面效率层面和体验层面的因素不提了，肯定是有改善的。最重要的是收银的人工成本趋近于零。

人工成本现在普遍很贵，尤其是在大城市，由于最低工资水平和生活平均水平的提升，雇一个人就相当于一笔长期开销，除了工资之外，还有五险一金以及各种福利待遇。

由于这两年的特殊情形，很多员工还会因为一些正当的理由上不了班，甚至超市越忙的时候员工越是上不了班，但是超市不能不运行啊。

收银是刚需的工作，必须有这个环节，而机器显然比人更适合，机器不需要休息，更不用上厕所，自然无须任何的福利待遇。只是偶尔升级一下，这几乎也是没有什么成本的。即使被盗情形稍微增加一点，也远远低于人工费用的支出。

而且盗窃是可以抓住的，监控录像是非常清晰的，一抓一个准，只要想抓，一个也跑不了。

超市之所以没有及时报警，很多时候只是想攒在一起，把问题搞严重一点，这样要赔偿好要，以前是上百倍地要，现在即使是数额较小的也是十倍地要赔偿，这样，只要抓到一个人，那么几十个人盗窃的成本就被覆盖掉了。

通过超市盗抓人的方式就已经将损失弥补了，甚至不仅弥补了损失，而且还富富有余，那么节省掉的人工成本可就是实实在在的了，而且比例还不小。

所谓买的不如卖的精，就是这个道理。

如果用自助收银机是赔本的，是会带来亏损的，那是不会有商超愿意用的，更不可能日益普及。

自助收银机并不是消费者提出来的需求，而是商超自己创造出来的需求，它的目的看起来是服务消费者，但更多的是服务商家自己。

服务商家什么呢？

更加快速的结算，让更多人在更短的时间内购买更多的商品，这就提高了资金的流转率，这和提高饭店的翻台率是一个道理：在资源有限的情况下，想要提高收益率，就要提高资金的周转效率。

自助收银就是这样一种方式，因为它的成本低，而且一次性投入就可以长期受益，除了维护成本，几乎没有任何日常开销了。

收银的通道多了，收银的速度就快了，顾客就不用排队了，买东西花费的时间就少了。不仅是这些不用排队的顾客满意了，后续还需要买东西的顾客自然也高兴了，因为他们看到排队的人少，也愿意进去了。

如果顾客看到排大长队的，那他们明明想买东西，但是由于花不起时间，也就转身走了。这样一来，超市就相当于流失了顾客，降低了销售额。

商超的单品利润是非常有限的，主要就是靠走量，走的量越快越多，收益就越高。

收益越高就越能够扩大规模，从而进一步降低成本，这些剩下来的成本越多，就越是能够改进基础设施。

也就是说通过自助结账机的普遍应用实现了一种良性循环：自助结账机越多，成本就越低，效率就越高，收入就越多，就越可以促使商超增加自助结账机，从而让商超赚更多的钱。

在这里，被盗只是一个小问题，它造成的损失远远低于节约下来的成本，也远远低于多获得的利润。

这也是商家并不是那么着急改进自助收银机配套预警设备的原因，它们其实并不怕偷，它们更害怕的人工成本的重负。

商超通过自助收银机实现了轻装上阵，实现了经营模式的迭代，这是一种战略性的调整，是不可逆的潮流，也是获得更快发展速度、更大竞争优势的重要法宝。

从某种意义上说，自助收银机比例越高，商超的竞争力就越强。这样看来，超市盗对商超而言是一个可以忽略的成本问题。

但是我们需要知道的是，超市盗对社会来说可不仅仅是成本问题，它是我们必须从源头上治理的社会问题。

因为，社会不可能只算经济账，还必须算稳定账、人生账。

关系之骗

办事型诈骗是诈骗罪中很有代表性的一种。

办事的类型很多,升官、升学、捞人、平事、拉项目……不一而足。

这种诈骗金额往往还比较大,办的事越大、难度越高,自然金额也就越大。

受骗的人往往也并非平庸之辈,有些人还是有一些阅历的,那他们因何被骗?

就是因为他们迷信关系。

他们相信在关键时刻、关键利益上,关系才是最可靠的。他们有时也知道关系并不是百分之百的可靠,但是只要能办成事那就是巨大的收益。因为他们想办的事情通过正常渠道是根本不可能成功的。因此,他们也是在一番计算之后,才选择了向关系投资。

他们在给予办事费用的时候,其实已经考虑到存在办不成的可能,因为他们也知道这是一种非正常的渠道,甚至是非法的渠道。既然是非法的,怎么可能保证百分之百成功?

即使是合法的投资都不能保证百分之百有收益,何况是非法的"办事渠道"呢?

实践中,骗子之所以能够获取一定的信任,也是存在或多或少成功的事例,这些成功的事例有的是真实的,有的是骗子虚构或者夸大的,但似乎又不完全是子虚乌有的。

但是如果司法机关调查起来,这些许许多多的关节上的人自然是矢口否认的:没人会承认给别人办成过非法的事。

这样一来,没有办成就几乎就等于诈骗。

因为这些骗子不可能具备办成事情的合法职权，拥有该职权的人也不会承认帮助别人办成过事情。

这样一来，到底是办事没成功，还是真的完全没有办事能力，在那儿瞎忽悠，有时候也是说不清的。

这里有一个真真假假的关系网。骗子往往是利用这个真真假假的关系网的不透明性和不可识别性来获取对方信任。他夸大一个关系，这个关系中的人的地位很高，他可以说出很多细节，让你不得不信，关键是你无从核实。

因为你够不到这些关系，所以怎么核实呢？

掏出一个特殊机关的信纸，拿出与特别人物的合影，展示特别人物的微信，描述与特殊人物在一起吃饭、社交的情节，在特定的地点办公，开特别车牌的车辆，聊一些内部信息……这些都充满了具体的细节，或明示或暗示，让你感觉对方与特殊人物关系亲近，进而将这些信息作为拥有特殊关系，具有特别能量的佐证。

然后或真或假地办成一些事，或者只是借用了正常办事信息的时间差，比如提前获知了办事的结果，提前告知就让人误以为其对结果产生了某种影响，这种影响经过一些暗示和夸大就会变得神乎其神。

为什么有人会相信这些虚张声势的行为？

主要还是因为这些人对依法依规办事没有信心，还是希望获得正常渠道之外的额外的好处。

虽然每个人都痛恨破坏规则的人，但到了自己身上，又希望能够找到关系，比如就医、上学、就业，等等。或者本来就是渴望突破规则为自己掘取非法利益，只是没有成功，就把自己说成被害人了。

这说明这些人对规则之治还是没有信心，这些人对自己通过规则可以获得正当利益也没有信心。

那如果事情办成了，这些人又是什么人呢？

他们真的是被害人吗？

违规违法花钱找人办事的人，算是真正的被害人吗？

如果他们成功了，那其他很多合法依规办事的人才是真正的被害人吧。

如果他们的违法行为没有得逞，那他们的利益是否应当保护，应当保护到何种程度就非常值得研究。比如被骗金额应当返还还是没收的问题就值得研究。

如何预防关系之骗？

最根本的就是不要迷信关系，不要相信不劳而获，不要相信法律途径之外的捷径，不要期待正常阶梯之外的快速通道，应该培养公平竞争、合法竞争的意识。

这也是陌生人社会的基本法则，那就是规则之治。通过法律、规则对社会进行治理，公民在工作和生活中也遵守法律和规则，每个人对法律都有合理的预期，不会超出这个预期，也不会低于这个预期，不会因为不同的办事人员而存在差异，不会因为自己认识办事人员与否而有任何不同。

这不再是熟人社会的办事规则，什么都要找人。就应该是能办的事不用找人也能办；不能办的事找到谁都办不了；不但办不了，而且找人这种行为本身都可能带来负面的影响，谁动了这个违法的念头都要承受一定的后果。

让老实人，没有那么多门路、关系和心眼儿的人，能够获得合法的预期和收益，其他人才能踏踏实实干事业。

如果总是让老实人吃亏，老实人也会变得不再老实。

老实人也要去找找门路，这个时候疏通关系的骗子才会大有市场。

关系型诈骗案件的发案数，其实是法治意识和规则意识的晴雨表。

一个地区关系型诈骗激增，绝不是简单的犯罪增加，肯定也潜藏着法治不彰和生态规则存在的问题的影子。

犯罪也是社会的倒影。

情 感 之 骗

利用感情的诈骗虽然没有关系型诈骗金额那么高，但相较却更为普遍，只是真正进入刑事诉讼程序的案件没有那么多，这主要是因为感情双方多多少少还有那么一些情分在。或者金额比较少的，干脆就算了。

真正报案的，一定是撕破脸，或者把人骗得倾家荡产、债台高筑，被害人没有办法了。

情感之骗的被害人男女都有，但以女性居多，女性被骗的金额也远比男性高。其中的原因，可能是女性更感性，更容易产生信任，尤其是之前受到感情伤害的人。

比如之前的配偶不太会照顾人，那么特别会哄人的骗子就很容易乘虚而入，他会把女方照顾得无微不至。哄到一定程度之后，他并不是直接要钱，因为那样就有一种"被养着"的感觉。骗子这个时候要钱往往是名正言顺、理直气壮的，比如他有一项事业或者项目非常有前途，就是缺少一点资金，骗子往往把这点资金描述得微不足道。但其实他需要的是全部资金，但他绝对不会这样说。他必须体现出自己的实力，这次只是偶尔的资金周转不灵，让女方帮个忙。甚至帮忙两个字都不会说，因为这是他们共同的事业。

这个时候，女方因为被哄得比较到位，就陷入了一种共同营造家园的错觉，就觉得出手帮忙是理所当然。如果这个时候都不出手，那么二人之间就毫无信任可言了。

这就是骗子想要营造的氛围。

一旦是为了"事业"投资，那金额往往就小不了。甚至金额必须比较大，否则会被怀疑是在"骗钱"。毕竟钱少的话，确实也干不了什么大事。

骗子深知女方的心理，金额绝不会太少，但也不能完全超过女方的承受能力，必须卡在一定的坎儿上。而且这个诈骗行为也要有一定的包装。骗子往往要开一辆特别好的车,以显示实力,还要穿着考究,出手大方。比较可恶的骗子,有时同时骗着好几位女性,然后用一个女性的钱,当作诈骗另一位女性的成本。

这就叫以骗养骗。

这个时候,有些女性就被爱情冲昏了头脑:从来没有被哄过,突然被哄就飘飘然了,然后失去了理智。

还有一种潜在的心理作祟,那就是要证明自己。

前一段感情的失败,让女方急于摆脱感情失败者的处境,尤其是那些被抛弃的女性,她们更加渴望找到一个成功的替代者,以证明自己的实力。

但这并不是一件容易的事。又要英俊潇洒,又要体贴入微,又要事业有成,这样完美的人怎么能轻易遇到呢?很多女性并没有认真考虑这个问题。也就是很多被害人容易高估自己的实力。总觉得自己十分优秀,总是可是找到更好的。

她们过于相信那些投怀送抱的柔情。没有理智地估量现实情形,也没有仔细辨别那些虚情假意。

比如有的被害女性特别崇拜高学历。她们失去了一个高学历的配偶,还要找另一个高学历的配偶来代替,甚至要更年轻、更有前途。但是她们有时候忽略了,自己是否具备与之匹配的实力。

很多时候还是过于自信。

骗子就是要满足被害人的盲目自信,靠甜言蜜语就把她们哄得团团转。

有些骗子有域外背景,他们利用被害人的虚荣心,虚构一些留学经历和职业前景。由于这些背景距离被害人比较遥远,有些也比较高端,以至于无从验证这些信息。此时,骗子再将金钱与爱情的名目挂钩,什么共筑爱巢、域外地产投资、职业投资。只要被害人有任何迟疑,骗子就会说,难道你不想成为谁谁谁的夫人吗?

这些虚幻的前景正好满足了被害人想要找一个更强的、把原来那个比下去的心理。

与其说是诈骗,很多时候也可以说是自欺欺人。与其说爱情遮蔽了双眼,不如说是虚荣遮蔽了双眼。感情是脚踏实地的,绝不是海市蜃楼。

没有完美的感情和婚姻,那些迫切地,尤其是报复性地想要证明自己的人,最容易落入骗子的温柔陷阱中。

第五章

去标签化

法定不捕后也应允许制发检察意见书

目前的检察意见书都是针对被不起诉人的,根据刑事诉讼法的规定,对被不起诉人需要给予行政处罚、处分或者需要没收其违法所得的,人民检察院应当提出检察意见,移送有关主管机关处理。有关主管机关应当将处理结果及时通知人民检察院。

但从检察意见书的本质来看,就是无须根据刑事诉讼程序处理,但仍需进行行政处理的一种意见。

这种意见通常在检察机关作出不起诉这个最终的处理决定时作出,这是合适的。但实践中却不尽然,有些时候到不了审查起诉的阶段就终结了,或者非常有可能终结了。

就比如法定不批捕。法定不批捕之后,侦查机关一般就不会再移送审查起诉了,自然的也有没有作出不起诉决定的机会。此时公安机关就会要"倒裁"。也就是不再走刑事诉讼程序,而是通过行政处罚的程序来一个裁决。这个时候,检察机关提出的意见也就有了更加明显的意义。

因为检察机关经过审查逮捕,对案件有了全面的了解,法定不批捕就是检察机关作出的,因此检察机关对案件性质也有了一个非常清晰的认识。

而且公安机关选择走"倒裁"而不是对不批捕决定复议复核,也说明其接受了检察机关对于案件事实和案件性质的判断。

在这种情况下,检察机关就行政处罚、处分或者没收其违法所得提了意见,不就与不起诉时提的意见一样了?

而且如果这个时候不提,也就没有机会再提了,因为公安机关不会再移送审查起诉了。

如果坚持要不起诉之后再提，岂不是失去了实质的意义？

当然，也有人认为，这个检察意见就非提不可吗？检察院不提，难道公安机关就不会干了？

这个问题对于不起诉和法定不批捕也是一样的。

不起诉的时候如果不提，人家该怎么干还会怎么干，可能也不会造成什么影响。

此时，法律制度设计的意义何在？

我认为，设置检察意见的目的就在于体现刑事诉讼程序和行政处罚程序的无缝衔接。

多一个环节提个醒就可能避免遗忘或失误。比如有时候检察机关没提的，公安机关和其他行政机关也忘掉了，那对这个违法行为的处理就不了了之了，这就会导致不诉了之的问题。

也就是在不再追究刑事责任的时候，也容易将违法责任忘了。这种遗忘的可能性是存在的，检察机关的提醒可以避免遗忘，这种不遗忘可以体现出法律的严肃性。

检察机关的意见不仅仅是一种提醒，也有监督的意味在里面。因为发出检察意见书后，有关主管机关应当将处理结果及时通知人民检察院，这就说明检察机关在盯着这个事儿。既然发了检察意见了，就得有个回音：处理有个回话，不处理有个说法。这就可以避免在行政处罚上徇了私情，确保法律执行的公正性。

在提醒和监督之外，还有降低司法执法成本的目的在里面。因为检察官看了卷，提了人，审查了案件，全面了解了情况，并且最后作出了不批捕或者不起诉的结论。这么辛苦的审查过程和审查成果不应该浪费了，不应该是检察机关自己知道就行了。可以将这种司法认知转化为行政执法认知。

这个转化的桥梁就是检察意见，既然检察官非常了解案件事实和证据，在无法追诉之外必然有一个对违法事实的认定。这个违法事实同时包括定量和定性的内容，这些都是行政处罚的依据。如果检察官可以将这种认知的成果通过检察意见书的方式传递给行政执法部门，就可以降低行政执法的成本，让行政执法部门尽快实现对案件的了解，为准确适用行政处罚和行政处分奠定基础。

这种节约既能够提高效率，又能够使行政执法部门腾出手来办理更加复杂的行政违法案件，这对提高国家机关的运转效率都是有意义的。

我认为提醒、监督和效率不仅对不起诉案件有意义，对所有经过检察程序之后不再追诉的程序都有意义。

从司法实践来说，法定不批捕也有终结诉讼程序的意味。虽然表面上来看它只是强制措施的决定与否。但从实质上来说，侦查机关大致就会将此作为终结性的结论，从而启动所谓的"倒裁"。

这是因为法定不批捕一方面是比较慎重的；另一方面它的结论是比较彻底的，它是在判定案件属于情节显著轻微、危害不大，不认为是犯罪的等法定事由时才作出的结论。

这个结论既然作出了，在审查起诉时也不太可能更改——如果没有太多新证据出现。事实上，一旦据此作出不批捕结论，也意味着没有太多证据可以获取，否则一般会以证据不足作出不批捕决定，而不会这么绝对。

法定不批捕往往意味着证据就这样了，已经可以作出确定的结论了，否则也一定不会作得这么绝。

在这种无证可补的情况下，法定不批捕与不起诉相差不大，差的只是程序意义上的，但给公安机关留下的印象是相差无几的。因此才会有放弃进一步的侦查而径行"倒裁"的情况出现。

此时的"倒裁"是没有检察意见参与下的"倒裁"，就可能存在提醒、监督和效率的三个问题。

没有检察意见书的提醒就会出现想起来就"倒裁"，想不起来就不"倒裁"的随意性问题；也会出现愿意"倒裁"就"倒裁"，不愿意"倒裁"就不"倒裁"的任意性风险；同时还存在"倒裁"尺度把握不够准确，审查逮捕的审查认知没有及时告知的浪费和低效。

这就是法定不捕后制发检察意见书的意义所在，它的意义与不起诉之后的检察意见同样充分和必要。

但目前我们的刑事诉讼制度忽略了这个问题，实践中有必要引起重视。

我认为这种忽视可能是由两个方面的原因引起的：一方面是过于追求形式化，忽视了司法的实质性，以为只有不起诉才是终局性的结论，而法定不批捕不是终局性的结论，忽视了其准终局结论的司法现实；另一方面是对检察意见书的价值认识不足，没有从检察意见书的本质设置流程和范围，从而使其过于依赖不起诉程序，完全可以将其与不起诉程序脱离开来单独设置。

轻罪前科消灭与犯罪记录封存

两高两部《关于未成年人犯罪记录封存的实施办法》第9条规定：未成年人犯罪记录封存应当贯彻及时、有效的原则。对于犯罪记录被封存的未成年人，在入伍、就业时免除犯罪记录的报告义务。该办法第15条规定：被封存犯罪记录的未成年人本人或者其法定代理人申请为其出具无犯罪记录证明的，受理单位应当在三个工作日内出具无犯罪记录的证明。

由此可见，除了极其特殊的原因，比如再犯罪或者其他特殊原因，未成年人的犯罪记录封存基本上就产生了前科消灭制度的效果。

也就是严格落实的犯罪记录封存某种意义上就相当于前科消灭，就能实现前科消灭的基本效果。

从现有的情况看，这样更加简便易行，容易操作，并且能够解决实际问题。

既然未成年人可以，那么轻罪的成年人是不是也不远了？

从犯罪结构来看，未成年人犯罪只占到了很小的比例，绝大部分还是成年人犯罪。

而成年人犯罪，从二十年来犯罪结构变化的趋势看，80%以上的是刑期在三年以下的轻罪案件。

在这个轻罪里，相当比例的是刑期在一年以下的案件，甚至几个月不等的拘役，危险驾驶就是最突出的代表，其已经替代了盗窃成为占比最多的罪名，其他还有不少案件适用缓刑、管制、单处罚金等非监禁刑。

犯罪的严重程度和暴力程度在大比例下降，蓄意的、极端的犯罪形式成为极少数，大多数的犯罪呈现出偶发性和过失性。

如果说未成年犯需要教育挽救，那么这些轻罪的成年犯也需要教育和挽救，需要社会再给他们一次机会。

但是根据现在的规定，再轻微的犯罪也要履行前科报告制度，而且并未设计前科的有效期限，这实际上就造成了前科报告制度的永久化。

前科制度本来是通过记载和标识犯罪人身份，从而起到一种保护社会的功能。但在正面功能之外，前科制度也具有很强的负面作用，那就是将曾经犯罪的人贴上标签，打入另册，使之很难再融入社会。目前有上百部法律、行政法规、部门规章对犯罪人进行了各种限制，包括高考、入伍、公务员考试以及特定职业考试。

而且现在各种企业普遍要求员工入职时出具无违法犯罪记录证明，从这个角度看，前科制度成为犯罪人复归社会的最大障碍。而且越是轻罪的被告人，越是需要在社会上生活更长时间，受到前科制度限制的影响时间也就越长。那些严重的犯罪人，因为服刑时间长，回归社会的时间也短，前科制度对其的影响反倒小了。这显然是不公平的，即使是同样受到终身的影响，也没有体现出轻重有别的比例性原则。

从比例性原则的角度，参照未成年人犯罪记录封存的制度导向，轻罪案件也有必要建立一套相应的犯罪记录封存制度，进而考虑建立经过特定时限和特定条件的前科消灭制度。

虽然成年人犯罪没有未成年人特别保护的法律背景，但是从刑罚本质功能考虑，其不在于区隔和消灭，而在于融入和复归。而且对轻微犯罪建立犯罪记录封存制度，就是给绝大多数人身危险不大，比较容易改造的轻罪犯罪人以机会，体现司法温度，变消极力量为积极力量，最大限度地实现社会团结与和谐。

由于在入学、入伍和就业的政审政策中，父母的犯罪记录还会给子女造成负面影响，从而产生"株连效应"，轻罪犯罪记录封存制度的建立，在不能完全解决"株连效应"的情况下，还可以立竿见影地让这些子女免受不利影响，获得平等的公民待遇，最大限度地消除"株连效应"的负面影响，减少不公平对待所引发的对抗情绪。

如果未成年人犯罪记录封存，而轻罪成年人犯罪记录不封存，就会产生一种未成年人本人犯罪没事，但其家长犯罪未成年人子女却要跟着吃瓜落的怪现象。

在具体的制度设计上，可以考虑被判处三年以下有期徒刑的，应当对相对犯罪记录予以封存。但是实施的犯罪属于危害国家安全犯罪、恐怖活动犯罪、黑社会组织犯罪等危害性较大的犯罪，或者是毒品犯罪、性犯罪等再犯可能性高的犯罪以及多次犯罪或者构成累犯的除外。犯罪记录封存之后重新犯罪的，原封存记录自动解封。

也就是树立一种轻罪一般应当封存记录的原则。但考虑犯罪的严重程度以及改造可能性和再犯可能性设定一些例外，这种例外既考虑特定犯罪的特殊性和人身危险性，也通过是否多次实施犯罪或者构成累犯来衡量再犯可能性。

同时明确，封存记录之后如重新犯罪的，原来的犯罪记录会一并解封，从而体现出有针对性的犯罪预防。

但现在有一个问题，就是法律并没有明确规定要设置统一的犯罪记录查询机制。

虽然两高三部早在2012年就印发了《关于建立犯罪人员犯罪记录制度的意见》，要求公检法司分别建立有关记录信息库，并实现互联互通，待条件成熟后建立全国统一的犯罪信息库。

但十多年过去了，全国统一的犯罪信息库也没有建成，甚至各司法机关的分别信息库也没有建立。目前犯罪记录主要的查询单位还是公安机关，就是普遍地由公安机关的派出所来提供无犯罪记录的证明。

这里存在一些根本性的问题，因为犯罪记录指的是法院作出有罪判决，并且已经生效的犯罪记录。既不是在诉讼过程中的过程记录，也不是对强制措施的记载，或者不起诉、撤案等处理决定。

公安机关在犯罪记录查询上就难免存在三个方面的结构性障碍。

一是信息无法及时更新，法院判决信息未必能够及时反馈给公安机关，从而录入人口数据库，这里既有法院与公安的信息互联问题，也有公安机关内部刑事侦查信息库与人口管理数据库的互联问题。这就有可能出现一审判决有罪，二审判决无罪，或者发回重审之后判决无罪等情况。如果只有一审有罪信息，那就会导致本来无罪之人因为信息不对称，反而查询出有罪记录。

二是户籍民警负责无犯罪记录查询，难以准确区分何为犯罪记录。此前在未成年犯罪记录封存和查询的过程中，就有将应该封存的未成年犯罪记录提供给查询方的。

还有将立案记录、撤案记录、不起诉记录、强制措施记录等当作犯罪记录提供的。有些公安机关同时负责出具无犯罪记录和无违法记录，有时候合并出具无违法犯罪记录。

在这种情况下，就有可能将行政处罚决定，甚至行政违法的处理过程也当作犯罪记录予以出示。

三是在犯罪记录已经封存的情况下，有些民警还是不敢出具无犯罪记录的证明。因为即使是未成年人犯罪，已经有明确的封存依据，但是因为犯罪记录在系统中客观存在，虽然封存，但系统上仍然可以查询到。在这种情况下，明明有而出具无，工作人员就感到十分为难。他们担心虽然因为封存的规定而出具了无犯罪记录的证明，但是如果未成年人再犯罪，自己就可能就要承担责任。

也有变通的做法，将完全无犯罪记录的用机打的方式提供，对于有封存的记录就用手写的方式提供无犯罪记录的证明，从而使用人方根据出具形式判断出是否有犯罪记录。这一方面是理念问题和政策执行问题，也有系统没有根据封存要求进行必要更新，从而实现技术性的自动封存效果。

《关于未成年人犯罪记录封存的实施办法》对此予以了进一步的明确，但实践中能否严格有效执行，还需进一步观察。

现在贯彻得比较好的是检法对未成年人纸质司法档案的封存，但是真正来查询纸质档案的人非常少。绝大部分公民和单位还是要到派出所去查询犯罪记录。因此，轻罪犯罪记录的封存如果要落实，还必须从数据记录的角度进行，这才是犯罪记录封存的关键。

考虑到前文分析的结构性问题，建议在统一犯罪记录查询系统建立之前，应该统一到人民法院进行犯罪记录查询。这主要有三个方面的原因。

一是法院掌握最权威的定罪信息，从法院查询定罪情况包括判决生效情况，不可能出现信息反馈不及时不准确的问题。

二是法院人员更加专业，可以有效区分犯罪记录与诉讼过程和强制措施之间的区别。

三是法院系统只是单纯地存储犯罪记录，这些记录并不包含行政处罚数据，从而避免行政违法数据与犯罪数据之间的混同。

除了建立犯罪记录查询统一系统之外，还应该确立犯罪记录查询的基本规则，那就是要制定犯罪记录查询法。重点需要明确以下六个方面的内容。

一是犯罪记录只能由人民法院出具，其他机关和单位无权出具有无犯罪记录的证明，公安机关不再负责此项工作。

二是除了未成年犯罪记录封存之外，轻罪犯罪记录也要进行封存，违法记录也同样要进行封存，这需要立法层面进一步完善。

三是犯罪记录封存采取数据记录与纸质档案同步进行。

四是对于已经封存的犯罪记录，在查询时即视为不存在，对于一般公民和单位进行查询时应当出具无犯罪记录的证明，只有司法机关依据特定程序才能查询已经封存的犯罪记录。

五是查询到已经封存的犯罪记录，应该遵守必要的保密原则，该记录只能用于特定用途。

六是犯罪记录一经确定封存，将由国家统一犯罪记录数据库向各司法机关下达协助封存要求，对于各司法机关掌握的相关案件信息在各自办案数据库中一并进行封存，需要查询封存数据的只能通过国家统一犯罪记录数据库依据法定程序进行。

废除前科的"株连"效应

轻罪案件的高羁押率、高起诉率、高定罪率,不仅会导致犯罪人本人因短期自由刑引发交叉感染,以及因前科制度的污名化导致其本人择偶、就业等融入社会的困难,如果是公职人员,还会遭到双开的处理。

更为可怕的是,还会给其子女带来"株连"效应,导致其入学、入伍、择业的困难。比如《高中毕业生家庭情况调查表》就要求填写近亲属受到刑事处分的情况,并将之作为高校招生、征兵、招工的重要依据。而相关单位也多有配套性的制度安排。

这就构成了一种制度上的障碍。

比如,危险驾驶罪很轻,有些甚至判的是缓刑,实刑的话一两个月也出来了。但这种处罚的严厉性不仅体现在这些表面的刑罚,真正的影响是前科制度给本人声誉及其日后发展所造成的障碍,它是潜在而巨大的。这些影响的公正性还可以进一步探讨,但不管怎样,这毕竟是本人行为造成的,也属"咎由自取"。

但是他的子女与之何干?

有些子女在他们的父母犯罪时甚至尚未出生,他们来到这个世界就要遭遇这巨大的障碍,要承担并非本人所造成的"责任"和"后果",这确实是不公平的。

这实质上构成了一种"株连"效应,也就是代人受过,承担他人的责任。这些不能仅仅归咎于命运不济、生错家庭,这也是制度上的重大问题,违背了罪责自负的原则,也违背了法律面前人人平等的宪法原则。

罪责自负是现代法律制度的根基之一,任何人都只对自己的行为承担刑事责任,对他人的行为不承担刑事责任。不能因为一个人的罪行连带惩罚其家庭成员和家族成员,这就是现代法律体系明确反对"株连制度"的原因。

因为现代法律承认每个人都是独立的理性人，都要为自己的行为负责任，自然地也就不能为不是自己的行为负责任，尤其是刑事责任，否则也就无法履行注意义务，守法行为就会成为徒劳，而且也是极不公平的。不能在制度中设置基于出身、家庭的歧视性的规定，否则这些被影响的人就将永无出头之日，任何个人努力都将变得毫无意义，也必然不利于社会的进步。

这违背了法律面前人人平等的原则，法律面前人人平等的含义就是法律面前每个人都享有同等的权利，而接受高等教育和就业机会是最基本的权利，在同等条件下人们应该获得同样的机会，不应因为家庭等其本人改变不了的因素受到影响。

而且以此作为评判依据也是不理性的，其父母的表现并不能作为其本人表现的判断依据，法律必须尊重每个人独立的人格。

事实上，很多伟大的人物也都出身贫寒，但这并不等于其不能开创伟大的事业。进化论的最大启示就是进化是没有方向性的，并不能确定谁一定会获得成功，谁一定不能获得成功，更不能以其父母的经历判断谁就一定存在问题。

尤其是现在随着危险驾驶罪的引入，盗窃罪标准的下调，袭警罪的到来，犯罪圈越来越大，轻罪占全部犯罪的80%以上。这些案件虽然随着认罪认罚制度的落实，刑罚方面可以适当宽缓，甚至羁押率也呈现下降的趋势，监禁刑的比率也在收窄，但是前科制度给本人造成的潜在影响，以及给其子女带来的"株连"效应，因为影响并不直接，所以很少得到社会的关注，尚未发生根本性动摇。

尤其是对子女的"株连"，是有违现代法治精神和法律面前人人平等的宪法原则的。而且这种制度性的障碍，会导致这些年轻人看不到希望，也会人为制造不稳定因素。这不是一个小的问题，这是每年上百万犯罪人家庭及其子女的现实问题。现在的犯罪中绝大多数都是轻罪，每年都在以这样的量级进行累积。因此，有必要对此制度进行系统性检讨，对可能发生"株连"效应的制度应逐一进行清理，直至彻底废除。

任何人都不应受到"先天性"的惩罚。

抓住犯罪人的软肋？

昨天我录了一个音频：谈《废除前科的"株连"效应》。

也有读者不同意我的观点，他认为：加强威慑就是刑罚应有之义，不然怎么约束大众？一个父亲亲口对他说，要不是怕影响孩子，早就信用卡套现跑路了，就是怕影响孩子才不敢这么干。所以，如果我这种说法成立，那些滚刀肉天不怕地不怕，岂不是翻天了？

这个意思就是说，前科"株连"效应还是"株连"对了呗？正好抓住犯罪人的软肋了呗？

即使这就是犯罪人的软肋，我们就可以这样抓吗？这样"株连"就正当了吗？

我不这么认为。

即使这就是犯罪人的软肋，我们也不能抓，刑法不能不择手段，不能不讲"武德"。

即使是原始社会讲究的也是同态复仇，是以眼还眼以牙还牙，也并不是你把他的眼睛打坏了，他就报复你的孩子；你把他的牙打掉了，他就报复你的孩子；你把他的鸡偷了，他就报复你的孩子。

孩子很可能是对方的弱点，但是即便如此，也不能超出同态而进行复仇。

复仇也要讲边界，讲对等性，讲基本道义，否则天下共诛之。

还没怎么着，就报复人家孩子，这不是连原始人都不如吗？

这只是一种强盗逻辑，为了索要巨额财物，怕财东不答应，就把财东的儿子绑了，进行要挟，如果不答应，就送一根手指头，以示还会不择手段，从而逼迫财东就范。

为什么要绑财东儿子呢？

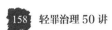

因为儿子是财东的软肋，他会心疼，他会为了儿子付出很大的代价。

如果前科的"株连"效应是一种现实，那么确实会有一部分行为人因为孩子的未来放弃犯罪的念头。

还有一些行为人不太了解这个"株连"效应，就根本没有想孩子的事，结果孩子就成了牺牲品。

也有一些行为人虽然知道"株连"效应，但是他们本身就不是负责任的父母，因此就根本没有在意这个事，此时因为行为人的不负责任，孩子又成了无辜的牺牲品。

还有一些行为人是过失犯罪，不是故意犯罪，他们根本没有主动地思考这个问题；也有一些虽然是故意犯罪，但是在不清醒的情况下实施的，比如危险驾驶，他们当时喝多了，如果他们还能想起来孩子的事，也不会酒驾了，所以这些人也是稀里糊涂的，又让孩子成了牺牲品。

而所谓"株连"效应，大家不知道也实属正常，因为这并没有任何的法律依据。

我们的法律只规定了针对前科者本人的限制性规定，从来没有对前科者子女的限制性规定。

这样的规定虽然有，但并不是法律，没有一部法律会这样明目张胆地规定。

但这个情况确实是真实地发生了，虽然是不清不楚地发生，但确实是发生着，并有一些内部成文规定和不成文规定的依据。

但这些规定合法吗？我认为这些规定并没有法律依据，因为法律就没有这样规定过。

这直接违反了法律面前人人平等的原则。这些子女因为自己父母的行为而受到限制，这是一种先天性的不公平，因为这些子女并没有任何过错。

刑法也要讲罪责自负，谁杀人谁偿命，并不是子女的父母去替他偿命，也不是由父母的子女替父母偿命，而是随时由行为人本人承担责任，与其他没有参与的人无关。这是法律中理性人的基本假设。

法律认定每个人都是具有理性的人，都是独立的个体，都不依附于任何人，也不应代为受过。任何人都不允许凌驾于法律之上，任何人也不用背负不应有的责任。这是对每个公民个体的尊重，是尊重每一个个体的独立人格，这是现代法治的基本精神。

"株连"的本质是人身依附，它是将其他人作为附庸甚至财产看待，因此如果一个人受到惩罚，他的附庸也要跟着受罚。

这种"株连"就是在否定作为附庸的独立人格，它认为这些人不是独立的个体，没有独立的意志。

因此在进行"株连"的时候并没有跟这些被"株连"者打招呼，没有问一下这些被"株连"者有没有什么不同意见，不会说"株连"这件事的原因是什么，不会问被"株连"者对此有何责任。

"株连"你与你何干？就像《三体》中的黑暗森林法则，毁灭你与你何干？

这是一种完全的蔑视和无视被"株连"者的存在，让其没有任何存在感可言，更不要说独立人格。

被"株连"的每一个人都是无辜的。明知你是无辜的而予以惩罚，这就是"株连"的本质——惩罚的就是无辜者。

这里体现了两种观念：一种是深深的不平等，有一种父为子纲的味道；另一种是不讲理的蛮横，没有程序，让人无处申辩。

更深一层来说，就是在把人当作手段来利用。子女的被"株连"成为一种预防犯罪的手段。虽然有时候可能是有用的，但可以这样用吗？每个人都是子女，你自己愿意被当作手段吗？

人应该被当作目的，不能被当作手段，这是平等观念的基石。

为什么现代社会每个人都要为自己的行为负责，而无须对其他人的行为负责？

因为现代社会的人只能控制自己的行为，控制不了别人的行为。现代法治社会是人人平等，没有谁一定就要听谁的了。

别人并不听你的话，你为什么要对他的行为负责呢？你的负责对约束他的行为有什么意义呢？尤其是子女对父母的行为负责，父母能听子女的吗？子女不想父母犯罪，他们就不犯罪了吗，可能吗？

如果约束不住，就要跟着受牵连，凭什么呢？这个时候，子女再努力还有什么用呢？

如果一个人自己再努力都没有用，那不是让他失去了奋斗动力吗？

这样的话，社会还能实现有效发展吗？每个人只能靠运气活着，碰上一对守法的父母才能平平安安，碰上犯罪的父母干什么都没有用了。

我们知道，现在每年入刑的人数达到上百万了，几十年累积下来，就得到几千万，这几千万人都不努力了，对社会有好处吗？

尤其是即使他们努力，也不能得到公正的待遇，这样公平吗？他们能服气吗？他们的亲友能服气吗？他们还能继续相信法律吗？

如果这么多的人失去了对法律的信仰，那不是在增加社会风险吗？

不公平、不公正的本质都是在增加社会风险。

虽然"株连"效应本身是否定被"株连"者的人格，但是这些人的人格没有被"株连"效应完全否定掉。

以民法典为核心的整个法律体系都是在肯定和支持个体的独立人格的。

这种独立人格的法律地位使得被"株连"者拥有自己的意志、资源和社交网络。也就是虽然你否定了他们，但他们并不是真的就消失了，他们有可能带着更激烈的态度反弹回来。

也就是你让他们的人生路走得格外不顺，但并不能打垮他们，他们还是有这样那样的机会实现成长，但他们知道谁让自己过得不容易。

小孩子也会记仇的。

你当初把他们当作软肋来对待，当作"牺牲品"来处理，他们会轻易忘记吗？

"株连"会带来社会的疤痕效应？这个伤口很难真正愈合。

我们唯一能做的，就是尽快、彻底废除这个既不合法也不公正的制度安排。

谁有问题就找谁，谁犯罪就惩罚谁，拿人家孩子说事绝对不是本事，也毫无道义可言，是任何常情常理常识都说不过去的。

为什么有人会认为"株连"合理?

最近我集中关注了前科及其对子女的"株连"效应。

也有部分读者认为存在就是合理的,既然存在了就让它一直存在下去吧;也有一些读者认为这是对犯罪人的撒手锏,不能轻易放弃,该用还得用;还有一些读者认为被害人的利益更加值得保护,潜台词就是既然他已经犯罪了,就不要那么关心他了,对他的子女也不用那么关心了。

当然,对于整个社会来说,犯罪人是极少数,犯罪人的子女更是极少数。

更多的人是守法公民,他们的家属也没有犯过罪,这些守法公民对于犯罪只有痛恨,希望严惩犯罪。

相对文明一些的,就是主张程序上严格保证诉讼公正就可以了,没有抓错,没有搞出冤假错案就行了。

既然都没有冤枉他,还有什么可过多考虑的呢?刑罚摆在那里,是他自找的,没有人逼他犯罪。

至于刑罚所产生的前科,那是刑罚严厉性的一部分,正是犯罪人真正顾忌的一点。如果前科消灭了,那么这个顾忌就消失了,刑罚的威慑性就会降低,也就是犯罪成本可能降低,这样有可能引发更多的犯罪,从而降低公众的安全感。

作为普通公众,自然不希望犯罪率增加,不希望安全感降低,因此希望尽量减少犯罪的发生,即使这个预防可能伤及一点无辜。比如对前科子女的"株连",有些人认为也是值得的。为了更多人的安全,牺牲小部分人的利益,他们认为是值得的,即使这样做对这些有前科的犯罪人的子女是不公平的,那也是值得的。

有一部分人认为只要有利于自己,对其他人是否公平,跟自己没关系,那是他们倒霉、活该,而且也是制度安排的,自己不需要多想些什么。

我暂时不讨论前科消灭的事，这个问题留待后续做深入讨论。

我就只是先讨论对前科子女的"株连"问题。

这些子女没有犯罪，是他们的父母犯的罪，他们本身没有责任，这一点大家都能够认同。

但是让他们接受这些无妄之灾，就会产生一些分歧，更多人认为这是不公正的，谁的责任谁来承担。有一部分人认为，既然制度有安排就有合理性，至少对预防犯罪有好处，对增加刑罚威慑力有好处，那就是有意义的，即使牺牲了一部分人的合法利益也是值得的。

但是，凭什么要求牺牲人家的合法利益？要求人家承担自己本不应该承担的责任？而且这个责任还不是一时的，而是终身的。

有些读者反映，有些犯罪人被判刑之后反复申诉，为的其实不是自己的名誉，而是对子女的影响，这是犯罪人想不通的。

事实上，很多人都想不通。

既然想不通，既然明摆着不合理，为什么还要坚持，而不能质疑和修改？

这就是有些人所称的存在即合理。

也许在非常久远的历史阶段存在过合理性，但并不代表这个制度会一直合理下去，而且即使当时出台这项制度时也未必是审慎的。

这也是这样的制度始终没有纳入正式法律规定的原因，在成文法律中根本找不到任何一个条款为"株连"问题提供法律支持。

事实上，它赫然违反了宪法中法律面前人人平等的原则。

为什么几乎所有国家的宪法中都要规定法律面前人人平等的原则呢？

就是因为在相当一段的历史时期，普遍存在人与人不平等的现象。

有一些人是高人一等的，有一些人是低人一等的；有一些人是主人，有一些人是奴仆；有一些人可以决定别人的生命和自由，有一些人的生命和自由被别人决定。

有一些人是高贵的，有一些人只是财产，而不配称作人。

这些被称为财产的人，没有公民权，没有独立的人格，可以被人当作财物买卖。

我们知道，在旧社会有买卖子女的现象：实在过不下去了，在孩子的头上插根稻草就可以把他们卖给有钱人家当仆人。

当子女被卖的时候，他们是无法拒绝的，他们的家长有处分他们的权利。

子女被卖之后，作为买主的财东成了他们的主人，从而接手了他们的处置权。

自始至终这些子女都没有自己独立的人格，都无法自主作出选择，也没有法律保障他们的平等权利。

因为当时人与人之间就是不平等的，并不是每个人都有独立的人格。

但现代社会之所以是"现代"，它的前提就是承认每个人都是平等的，每个人都有独立人格。

事实上，罪责自负原则也是在尊重每个人的独立人格，因为独立的人格就是要对自己的行为负责任，并仅为自己的行为负责任，无须为其他人的行为负责任。

为什么不用对别的人负责任呢？因为我们不能控制和约束其他人，因为每个人都是平等的。

在古代社会，还存在连坐制度，也就是你甚至还要对自己邻居的言行负责。如果邻居犯罪了，你也要承担责任，从而鼓励更多的监视和举报，邻居稍有异动就赶快向官府报告。

这显然是不合理的制度，现代社会自然要予以废除。

父母犯罪，对子女产生"株连"影响，就会产生家庭"连坐"，难道是希望子女就父母的犯罪行为及时向司法机关举报吗？

即便如此，也还有子女年龄过小，根本不了解父母行为的性质，那他们怎么举报？有些即使年龄大，也未必能够了解父母复杂的工作内容，也无从判断其法律性质，他们又怎么举报？

更有一些子女，在父母犯罪时尚未出生，他们又何如举报呢？

另外，对子女"株连"的目标是鼓励子女举报父母吗？

事实上，我国自古就有亲亲得相首匿的制度。从现代刑事诉讼制度来说，我们在设计证人强制出庭制度的时候，也借鉴了其合理内核，规定了经人民法院通知，证人没有正当理由不出庭作证的，人民法院可以强制其到庭，但是被告人的配偶、父母、子女除外。

可见，从制度层面并没有要求家庭成员之间强制性的相互举报，进而导致人人自危。

尤其是联系到前科"株连"的无差别性，"株连"并不问父母犯罪时子女是否已经出生，只要是前科者的子女就要被打入另册。

从这个意义上说，"株连"更多的是血统性、出身性的。而对血统、出身的歧视是典型的法律面前不人人平等的体现。

在无法保证法律面前人人平等的时候，为了维护不平等的制度，就特别强调不同等级之间的区隔，类似的有士族制度、种姓制度、奴隶制度，他们认为高贵等级的人就一直高贵，低贱等级的人就一直低贱，奴隶的子女就永远是奴隶。

那么罪犯的子女也就永远带着罪犯的血统了吗？

这显然是一种前现代的不平等思维。

人人平等作为现代法律制度的确立并不容易，它是经历了血与火的洗礼的。

高贵等级的人愿意永远维持既得利益，可以不劳而获，可以永远占有更多的社会资源和地位。一旦让低贱者与他们保持平等，就意味着增加大量的竞争者，这就当然要给自己带来极大的压力。

习惯养尊处优的人，容易在竞争力上存在退化倾向，很难比得上从底层上来的人，所以他们会特别有危机感。前者自然要想方设法地维护自己的地位，找到各种理由，比如存在就是合理的，这里的理由就是维持现状，维持有利于自己的不平等现状。而底层的人自然要改变这种现状，结局就是在世界范围内普遍确立了法律面前人人平等的原则。

这是人类文明的重大进步。

为什么这么说呢？

因为它能够发挥每个人的作用，不贬低任何人。一个人，不管出生在什么样的家庭，父母是干什么的，只要他肯努力，就可以获得同等的教育机会和工作机会。

事实上，很多伟大的政治家、科学家、艺术家，那些影响世界的人，也出身贫寒。

只有在人人平等的社会，才能有更加充分的竞争，才能发挥更多人的积极性，创造出更多的智慧和财富。

在这个过程中不应当将前科子女排斥在外。

他们有权利与其他公民一起进行公平竞争，获得同样的受教育权和发展权。

支持前科"株连"效应的人，其所持理由就与既得利益有关系，有些人因为家里没有人犯过罪，目前不存在被"株连"的风险，就觉得比前科子女有了一些优越感。这些人在学校里也可能是愿意欺负别人的人，愿意恃强凌弱的人。

其实他们并没有比别人强的优势，他们只是想减少竞争对手的数量，尤其他们也知道这些前科子女因为没有太多的出路可能更加努力。

这就像那些世族子女面对寒门子女时的担忧一样，他们担忧的是对方的勤奋和努力。

但这确实不便说出来，因为并不光彩。

因此，他们就要强调既有不平等格局的合理性，但说不清这个合理性的时候，他们就只会说存在的就是合理的。

要我说，存在不一定都是合理的，那些不合理的终将被历史淘汰。

他们担心的是这些不合理之处根本放不到台面上说，这种不平等局面也变得岌岌可危了。

因为社会的发展要发挥所有成员的积极性。

尤其是这是一部分非常渴望改变自己命运的群体，他们通过努力可能让整个社会受益，社会从理性出发不应该拒绝这种努力，不应该将这些人永远排斥在主流社会之外。

只有更加充分的竞争社会才会更有活力。

因为社会之间也在进行竞争，比的就是谁更加能够调动自己成员的积极性，而不是压制这种积极性。

因此，从社会大的发展趋势上来说，自然是要更加充分贯彻人人平等的原则，而不是使这个原则打折扣，或者退回到人人不平等的前现代社会。

那些排斥人人平等的人，更多的其实是因为自己的不自信，真正自信的人并不会害怕更多竞争者的加入。

这种不自信没有让他们学会自立自强，只是让他们学会了变着法地维护仅有的既得利益。

犯罪人的孩子就是坏孩子吗？

最近的读者留言中有一条强调父母前科的审查制度保障的是好人孩子的优先权，认为这项制度是十分合理及必要的。如果没有这个审查，毒贩、诈骗犯的孩子凭借父母赚取的黑钱，享受优良的教育，再毫无阻碍地进入体制内，再影响到国家的立法、制度……想想就可怕。

读到这条留言也是让我感到不寒而栗，所以还是要多说几句。

难道犯罪人的孩子就是一定是坏孩子吗？

先不说毒贩的比例很少，诈骗犯虽然占一定比例，但数额和刑期也有很大的差别，目前绝大多数的犯罪其实是危险驾驶、盗窃、故意伤害这些犯罪，这些常见、多发犯罪占刑事案件的绝大多数。

也就是三年以下刑期的轻罪占到了刑事案件的80%～90%。

就单说危险驾驶这一个罪名。这个罪行不会带来任何违法收益，也不存在黑钱供养的问题。危险驾驶罪虽然是故意犯罪，但行为人当时却是不清醒的。

那么，经过醉驾判决的父母，会教孩子酒后开车吗？

酒后开车恐怕是这个家庭一辈子的阴影，在这样的家庭长大的孩子反而是更加不太可能醉驾的。

也就是说，刑罚本身在他们家庭产生了最直观的预防效果。

因为醉驾不仅判刑了，而且恐怕把父母的饭碗也砸了，让家庭发生了重大变故，这是一个多么惨痛的教训。

这份不值得只有当事人和他的子女体会得最清楚。

那么，我想问，在这样家庭长大的孩子，怎么就一定是坏孩子呢？

他们是不是不但没有学坏，而且还会从父母惨痛的教训中引以为戒？

不能说这样的孩子就一定强过其他孩子多少，但至少他们会珍惜当下，知道犯法的代价，知道守法的意义，这就是非常可贵的。

因此，这些孩子不但不是坏孩子，而且比较不容易变成坏孩子。

说他父母醉驾，犯了罪，他们的孩子就是坏孩子，就要通过社会制度来提防，这就有点过了。

首先，这没有科学上的依据，犯罪并不遗传。

其次，子女人格独立，他们的人格并不是由父母决定的。

再次，很多父母其实也是偶然犯错，并不能说他们本质就坏。

最后，简单地将犯罪人的孩子当作坏孩子本身就是居心叵测的。持这样观点的人自己也没有十足的依据，他们只是给这些犯罪人子女的头上扣屎盆子。这是一种霸凌行为。

就像在学校里经常欺负人的学生一样，他们知道被他们欺负的孩子本性并不坏，但是他们就是能够找到这些孩子的一些弱点，比如孤僻的性格或者家庭背景的特殊性，并将这些孩子打入另册。

校园霸凌为什么总是指向这些对象？因为这些对象是弱者，他们无力反抗。

霸凌者绝不敢欺负孔武有力的孩子，也不敢欺负家庭背景强硬的孩子，更不敢欺负学校领导家的孩子，他们只是敢欺负那些无权无势、势单力薄、性格孤僻的孩子，因为欺负这些孩子的风险最低，没人敢为他们出头，欺负也就欺负了。

霸凌者却可以获得巨大的收益，可以树立自己虚假的威望，让别人觉得他非常厉害。其他人在这种情况下就要作出选择：如果公然支持弱者，就是在与强者为敌，可能就没有好果子吃。

而选择参与到霸凌者的队伍中，也许只是掺和一下、叫一声好，就可以上交一个投名状。

以自己欺负人的行为向霸凌者表达了忠心，至少可以避免落入被霸凌的行列。

虽然根本不能证明犯罪人的孩子就是坏孩子，但是坚持说他们就是坏孩子的人，就是踏出了自己的一只脚，从而证明自己在正常者的行列。

自己家里没有犯罪的人，自己是不会受到"株连"的，这个"株连"的霉运暂时没有落到自己头上。

这些人里有真正可以决定别人命运的阶层，但更多的只是急于上交投名状的人。

他们没有太多可以骄傲的事情，唯一可以骄傲的事情可能就是还没有被"株连"到这个事实。

正因为他们没有别的优势，所以更加珍惜这个仅有的优势。如果这个优势丧失了，他们可能连前科子女都不如。

因为他们不但没才华，还不努力。

他们特别害怕前科子女破釜沉舟的努力，这种努力持续下去注定要实现阶层跃迁。

这个跃迁之后，那些一无是处的投名者，就会被迫发生阶层倒退。他们知道自己竞争不过别人，只好尽量挡着别人的路。这就是他们的理性选择。这虽然可能对他们有利，但却是对社会有害的。

就说危险驾驶罪，每年就将近三十万人入罪，如果以平均年龄三十岁计算的话，他们的小孩子也就一两岁，大学毕业得是二十年后的事了，目前好像还看不出什么。

但是找工作的时候，考公务员的时候，报考大学审查的时候，就会感觉到了。

因为危险驾驶罪是这几年的新罪，这些前科者虽然众多，但因为他们的孩子还没有长大，还没有遇到"株连"的坎儿，因此普遍感觉不到这些负面效应。

当这第一批三十万前科子女接触到"株连"之坎儿的时候，可能就是二十年之后的事情了，那个时候仅这一个罪名可能就累积了六百万人，他们数百万的子女将陆续抵达"株连"之坎儿。

那个时候将出现不断的心理冲击，从而产生持续不断的社会风险。

虽然目前这个话题好像比较冷门，似乎是杞人忧天。但这只是时间问题而已。

这个风险是一个巨大的灰犀牛。

犯罪人的孩子就是坏孩子吗？

这个话题还可以争论下去，前科人员是少数，被"株连"者也是少数，而且

第五章　去标签化

他们往往由于自己的处境更加沉默寡言。

就像那些在学校里被欺负的孩子，他们爹妈是收废品的，他们就是脏孩子、坏孩子吗？

没有几个孩子敢站出来大声说：不！

看客也终有被推到台下的那一天，别看他今天还在笑。

所谓黑钱供养

在讨论前科"株连"问题的时候,有读者提出了黑钱供养的问题。

他认为之所以要让前科子女也付出代价,对其发展予以一定的限制,那是因为这些子女受益于其父母犯罪所得的供养,甚至有些子女还可能继承这些大量的犯罪所得,从而于合法公民的子女形成某种意义上的不正当竞争。

这是一个需要正面回应的问题。

所谓犯罪所得,主要集中在财产性犯罪,包括公众比较关注的职务犯罪、毒品犯罪,以及比较常见的诈骗犯罪等。

这些犯罪的确存在犯罪所得,这些收益应当依法罚没或者返还给被害人。但是实践中由于犯罪人的挥霍或者转移财产,往往导致大量的犯罪收益没有被查获。

还有一种情况是,关键的主犯一直在逃,比如大毒枭、诈骗集团的首要犯罪分子没有抓获到案。剩下的犯罪分子作为"小喽啰",虽然容易抓获,但是收益并不在自己手里,有些甚至只是些"打工仔"。但是这些人作为大案子的犯罪成员,不仅背负着自己应有的罪责,也背负着被害人以及社会公众对整个犯罪集团的谴责。

那些无法赔付和上交的巨量违法所得,好像都被他们占去了,但其实他们从一开始也没见着这些收益。

正因如此,公众将愤恨都发泄到了这些到案的犯罪人身上,同时连带着他们的子女。似乎他们的子女一直都是由犯罪所得供养长大,并且还能够掌握无法查获的神秘犯罪收益。

但这些收益其实更多地掌握在那些没有到案的主犯手中,因为这些人没有到案,所以也没有前科,其子女自然也不会受到任何不利影响。

与其将恨意发泄在已经到案的犯罪人及其子女身上，不如更加关注那些没有到案的在逃主犯。

可惜的是，这些人很容易被公众遗忘。

还需要正面解释的就是，这些已经到案并被处刑的财产类犯罪人，他们的犯罪所得到底有没有可能供子女使用。如果使用了，我们怎么看待这个问题。

我的答案是：这些犯罪所得很有可能供犯罪人自己的子女使用。

有些犯罪人既有合法收入又有犯罪收入，有些犯罪人的财产在一段时期之前主要是合法收入，一段时期之后就主要是犯罪收入了——后期以犯罪为业，就把犯罪当作工作干了。

那么此时，这些犯罪供养家庭的支出自然包含了犯罪收入。

这些犯罪收入不仅供家庭日常开销，还供子女上学，当然还包括给父母的生活费，给亲戚朋友随礼的钱，还包括缴纳的各种税费，甚至有可能包括个人所得税，等等。

这些林林总总的开销都可能来自犯罪收入。

但是如果犯罪人在犯罪收入之外还有合法收入，我们就不能说子女花的钱就只是犯罪收入而不是合法收入了，因此说子女系黑钱供养是不客观的。

唯有在犯罪人只有犯罪收入，没有合法收入的情况下，才可能存在用黑钱供养子女的问题，而且这里还要刨除配偶的合法收入。

因而很难说，子女就是纯粹地靠黑钱供养，子女可能只是得到了部分帮助。

在有可能得到犯罪所得的帮助的情况下，也就是子女吃的饭可能是由犯罪所得购买的，缴纳的学费是由犯罪所得提供的，这个时候让子女怎么办？

让他们把这些都吐出来？

这个时候有一些人的结论就出来了，那就是"株连"是活该的，谁让子女借光了。也就是犯罪人子女背负了原罪。

这样是否公平？

首先，很多未成年子女并不了解父母收入的法律性质。他们正常生活学习，他们怎么知道父母的收入是犯罪所得呢？有些是孩子太小，不懂事；有些是父母极力掩饰，一般不会在孩子面前暴露自己违法犯罪的面貌。因此，很多时候子女并不知情。

其次，惩治犯罪后，会判处没收并追缴犯罪所得，还会没收部分财产或全部财产。法律有措施对犯罪所得进行追缴，有些家庭为了偿还赃款，还会背上巨额债务，而这些债务，犯罪人的子女已经在偿还。

再次，所谓犯罪人隐藏的巨额赃款最终由子女享有的问题，这是一种臆想，并不是事实。子女隐匿这些赃款的，依法应当承担相应的法律责任，这要由法律进行追究。没有追究的，我们不能推定每一个犯罪人子女都在继承赃款，尤其是大量的赃款，没有那么大量的赃款可供继承，大部分都在在逃的人手里，根本就不在到案犯罪人手里。尤其是轻罪犯罪人，他们很多已经完全退赃，完全赔偿，没有任何犯罪所得的亏欠，在这种情况下，还怎么说黑钱的继承问题？这就是张冠李戴，让从犯背在逃主犯的黑锅，让一大部分轻罪人背一小部分重罪人的黑锅。

最后，父母对子女的抚养是法定义务，子女接受抚养是法定权利，因此父母应当抚养子女，不能看着他们冻死饿死，没有学上。如果是这样，国家还有一个最终的抚养责任，不能让未成年人流离失所，至少要让他们接受完义务教育。因为他们不仅是父母的子女，也是国家的下一代。在这种情况下，子女接受父母的抚养是合理合法的，违法犯罪是父母的事，子女不应承担责任。如果他们明知犯罪而参与，那是应该依法承担责任。如果他们并不知情而领受，即使这些奶粉、食物由犯罪所得购买，他们也是无辜的。

未成年人并没有选择家庭和父母的能力。但是如果犯罪被查获后，子女仍然占有部分犯罪所得，这些犯罪所得又有证据证明，那子女确实有上缴的义务。不能在犯罪被查获后，子女还通过犯罪所得获利，否则公众是不能认同的。

也就是说，子女只应承担法律明确规定的责任，不应该承担超出法律规定的责任。

我认为"株连"，就是超越法律的责任，因此并无任何法律授权有关机关和单位对犯罪人子女在受教育和发展上进行限制。

这些限制来自一些落后的观念，而这些观念已经不符合法治发展的要求，应该尽快调整。

我们确实看到，一些犯罪人的子女可能因为犯罪所得获得了更好的教育机会，甚至更好的社会地位和职业前景，因此会让人感到很不公平，一些人甚至希望通过"株连"的方式将他们的既得利益剥夺。

我认为应该理性看待，我们只能依据法律规定来追缴他们不应得到的收益，但不能超越法律进行"剥夺"。

而且在我们发泄愤恨的时候，也要思考子女在接受抚养时是否具有对犯罪所得的认知，供养他们的资金是否能完全排除合法收入，以及他们活着的权利怎么维护，这一系列问题还要从国家义务的角度进行思考。

从这个意义上讲，所谓的黑钱供养存在偷换概念、以偏概全的问题。

为什么要关注前科株连?

为什么要持续关注这个问题?犯罪人子女的问题值得如此关注吗?

值得,因为他们可能就是我们自己。你能确保自己不与人打架吗?你能确保自己一定不会卷入刑事诉讼之中吗?

其实,我们并不是十分确定。即使我们十分确定自己不会犯罪,但我们又能够确定自己的父母或亲朋好友一定不会犯罪吗?

我们可能更加不确定,因为我们不可能把握别人的命运,他们的命运掌握在他们自己手中。

但是这样应该吗?

因为父母子女的关系,就要承担连带的责任吗?

有的人主张应该,因为他们花了父母的钱,而父母的钱不一定是好道来的。

但我想问,你在吃饭的时候,还要掂量一下这顿饭是不是父母用赃款买来的吗?你如何证明?需要每一餐都证明吗?

需要一个孩子证明自己每一顿饭的花销都是绝对清白的吗?凭什么要求子女承担责任这样的责任?

如果他们不能证明,就要承担被"株连"的责任吗?这是谁定的,这样公平吗?人道吗?

持有这样观点的人得需要多强大的道德优越感!他们苛责到了极致。

我们国家未成年人的犯罪记录现在都已经封存了,却还要未成年人承担他们自己都没有犯过的罪责。虽然这个责任不是刑罚,但确实会终生地妨害他们公平接受教育和就业的权利,这不是逆历史潮流吗?

为什么对未成年人犯罪采取的是尽量教育和挽救的政策?这和犯罪记录封存

制度一样,就是给未成年人一个机会,因为他们的心智未开,可以原谅他们的不成熟,给他们一个机会让他们重新做人。

而现在的前科株连问题,针对的可是一些无辜的未成年人。他们本人没有犯过罪,犯罪的是他们的父母。难道这种情况下的处遇还不如自己亲自犯罪了?这显然是说不过去的。即使他们吃了赃款买来的饭,也是可以原谅的,因为我们已经原谅了一些自己偷饭的未成年人。

与之相比,这些被株连的未成年人更加应该被原谅、被理解、被给予一次机会。他们的父母犯了罪,他们不应受过。他们吃父母的饭,不应被要求辨别来源。我们不应主动地怀疑父母,更不应该怀疑父母给我们吃的饭。

就像我们同情《雾都孤儿》里的奥利弗一样,我们并不会因为他吃了贼窝里的饭,就认为他是贼、他有罪,我们判断的他品行的依据还是他自身的行为,尤其是他对犯罪行为的排斥和抵抗。

只有那些非常盲目的人才会就这些表面现象下结论。

我们凭什么要求这些未成年子女拥有如此强大的资源和能力,只是为了调查自己的生活来源是否合法?

我就问,你自己调查过吗?

你没调查过,那你怎么知道自己父母的收入就一定是合法的呢?

而且你认为的合法可能只是暂时的,只是没有被人发现而已,一旦被人发现就变成犯罪了。而你在这个家庭生活就跟着有罪了,跟着受到牵连了,这样是否公平?

对于上述的问题,真正受到牵连的子女以及那些犯罪人本人都是不敢吭声的。

虽然他们看到很多读者留言非常的愤恨,认为这些读者只是在展现自己的道德优越感,但是他们却不敢说话。

因为一旦说话,就会被别人发现自己原来有前科啊,自己的父母原来有前科啊,这样他们就会成为社交网络中被排斥的对象。

除了有形的障碍之外,还有很多隐形的障碍。

有些人就是戴着有色眼镜,将你本人的前科或者父母的前科当作你的人生污点。

有些人觉得你不是坏人就是坏人生养的,所以你本质上可能还是坏。

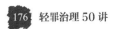

因为你吃了坏人的饭，所以你也就受到坏人的恩惠了。

这些人把物质与精神相混淆了，他们认为食用这种法律性质不纯洁的食物，也会玷污你的精神。

但其实我们更应该关注精神本身。

就像有些"株连"制度描述的那样，对父母的前科表示怨恨和报复，也就是我们防范的不是有罪父母与你的血缘纽带，而是你自己对法律制度的态度和立场。

但更多的"株连"制度只是描述为直系血亲犯过罪行或者正在服刑，并没有关注子女本人的态度。

如果子女本人是信服法律裁决的，那就不存在他们自身应当被限制的理由，只有他们自己想不开，存在破坏法律秩序的风险时，法律才有限制的必要。

之前不少读者都认为危险驾驶罪不会产生"株连"，那只是他们的一厢情愿，相当一部分对"株连"的描述都包括"正在服刑"。

而这个"正在服刑"也包括缓刑的执行期间，这样一来即使是危险驾驶罪，它的负面影响也可能被拉长。

如果在一些关键的时间节点犯罪，会让前科子女正好错过人生一些宝贵的选择机会，从而影响他们的一生。

虽然他们可能以为这样的轻罪不会影响什么大事，但如果只要时间凑巧，是非常有可能耽误大事的。

这些被耽误的人，可能就是我们每一个人。

一旦被耽误，就没有地方说理了，甚至都不敢站出来说理了，因为害怕进一步受到歧视，让自己完全没法正常生活。

那些并未因为本人的罪过而遭遇不公正待遇的人，有可能就是我们每一个人。你也不吭声我也不说话，这种情况就不会减少，甚至还有可能增加，有可能砸在我们每一个人的头上。

为了那些无辜的眼神，我们也应该关注这些不公正的待遇。

"斩草除根"：株连说的社会心理

通过一段时间的讨论我发现，主张前科株连的人占有一定的比例，而且他们自有一套理论。

他们理论的核心就是安全感可以压倒他人的权利，说白了就是要"斩草除根"。

他们明知前科子女是无辜的，即使在一定程度上受惠于犯罪所得也不能够证明前科子女有危害社会的可能，也就是说没有几个子女因为父母的有罪而报复社会，更不要说大部分子女自己其实没有从父母的犯罪中获得任何利益——只有连带的耻辱和灾难。但是这些人仍然认为为了社会的安全可以将前科子女们的利益牺牲掉。

为了确保绝对的安全，不要让这些子女从事体制内的工作，尤其是重要岗位和行业；甚至不让他们接受更好的教育，即使他们品学兼优。

即使所有的邻居和同学都可以证明，他是一个非常好的学生，他的品德高尚，甚至见义勇为，他聪敏勤奋可以成为国家栋梁；但还是有一部分人认为为了社会的安全，应该把他排斥在外。

难道不能考察一下这些子女本人的情况吗？他们是他们，他们的父母是他们的父母，不应该完全画等号。

"株连"说的主张者会板起面孔说，那绝对不行，这些岗位和受教育机会这么稀缺而重要，我们不能冒任何风险。既然他们的父母犯了罪，谁敢担保他们的子女不会犯罪呢？

虽然现在品学兼优，也有可能是装出来的，怎么能保证他们翅膀硬了之后不会原形毕露？绝对不行，绝对不行！

他们是妖怪吗？还原形毕露，好像有特定的基因，会让他们长出青面獠牙。

他们是人。

人的成长，有内因和外因的作用，但主要是看内因。

父母有问题，并不必然导致子女有问题，正确看待父母的问题反而可以获得成长。

舜的故事就能说明一些问题。

舜从小受父亲瞽叟、后母和后母所生之子象的迫害，屡经磨难，但他仍和善相对，孝敬父母，爱护异母弟弟，故深得百姓赞誉，最终尧把帝位禅让给舜。

舜的父亲想害死他，连续多次实施了杀人未遂的行为，这明显是犯罪。

但是舜并没有像他的父亲一样，反而成长为圣贤之人。

大禹的例子也是一样。他的父亲没有搞好治水工作，犯了类似于渎职类的罪行被处死了。但是大禹被株连了吗？并没有。

大禹反而被安排到了同样的岗位，也就是还是在"体制"之内，最终搞好了父亲未竟的事业。

这说明什么问题？

父亲搞不好的事业，并不等于儿子也搞不好。

父亲的教训可能是儿子想要搞好事业的心理动机，也就是要争一口气。

那些前科子女很多都有一种争一口气的心理，这个动机可以成为一种巨大的成长动力。

因为如果这个前科子女已经有了一个无形的劣势，根本不需要"株连"，他在社会上立足就已经先天地矮人一头了。

别人问你，你父亲是干吗的？你回答，我父亲进去了。这是什么样的心境？别人又会有什么样的眼神？

即使不明确排斥，找工作时也会受到潜移默化的影响，因为毕竟没有不透风的墙。

找对象的时候容易吗？这事是根本瞒不住的，而且从道义上讲也不应该瞒。

即使对象本人同意，人家家里人会不会愿意？

人家会说，前科影响三代呢。

也确实，有些前科"株连"的范围就写到"直系血亲犯罪"，而没有限定为父母，但从实际执行上来说就是影响三代。

不管什么工作，最终还是看本人能力吧。他爹很能干，很优秀，就能证明他儿子也优秀吗？同理，他爹犯了错误，就能证明他儿子一定会犯错误吗？

即使有一定的可能,那我们能不能通过一些更为详细的审查、考察,来观察子女本人,看看他们到底怎么样,而不是一棒子打死?

前科"株连"最大的问题,就是不管子女本人怎么样,上来就一棒子打死。

这样就完全抹杀了他们奋斗的价值。

株连说支持者尽量对株连的实际效果轻描淡写。他们说,不就是不找体制内的工作吗,那么多工作,干什么不行?

事实上,现在前科株连制度有一定扩大化的趋势,也就是并不仅仅限于直系血亲,有些时候连家庭主要成员、主要社会关系成员或者对本人影响较大的其他亲属被刑事处罚都不行。

前些年,有报道称有人公务员考试第一名,但因为其舅舅犯法,就没有被录取,最后提出行政诉讼,也没有告赢。这个范围就更大,有可能涉及我们每一个人。这就是"斩草除根"极端的效应。"斩草除根"的目的是获得绝对的安全。但事实不是这样的。那些真正犯罪的人,他们的父母很有可能根本就没犯过罪。有极端思想的人,他的父母也只是普普通通的人。

这个,光看父母是看不出来的。

所以看起来排斥掉前科子女就安全了,其实并不是。

要确保安全,就要重点审查他本人。

可以审查他的父母情况,但那只是参考,而不应是一票否决。父母没问题,但本人有问题,就不应该要。相反,父母有问题,但本人没问题,你凭什么不要呢?

"斩草除根"的初衷有一定道理,但是方式和逻辑却有着极大的问题,根本没有找到问题的点上。

"斩草除根"更大的问题是违背了法治的精神。

《宪法》明确规定:凡具有中华人民共和国国籍的人都是中华人民共和国公民。中华人民共和国公民在法律面前一律平等。国家尊重和保障人权。中华人民共和国公民有劳动的权利和义务。中华人民共和国公民有受教育的权利和义务。

《刑法》规定:依法受过刑事处罚的人,在入伍、就业的时候,应当如实向有关单位报告自己曾受过刑事处罚,不得隐瞒。犯罪的时候不满十八周岁被判处五年有期徒刑以下刑罚的人,免除前款规定的报告义务。

《宪法》明确规定了法律面前人人平等的原则,强调了平等的劳动权和受教育权。《刑法》只要求成年人犯罪才履行前科报告义务。

没有任何法律要求子女对非本人的前科履行报告义务。

事实上，《刑法》经过修改甚至都免除了未成年犯的前科报告义务，这里的未成年犯是指未成年时犯下的五年有期徒刑以下刑罚的人，即使后来成年了也无须进行报告。

既然未成年人本人犯罪都无须报告，那么凭什么让未成年人报告非本人的罪行，也就是其亲属的罪行？

虽然其已经成年了，但这可能就是其未成年时父母犯下的罪行。

从这个意义上来说，这不是更加不应该吗？

不管怎么说，一个人都没有义务报告任何非本人的罪行，因为这不关他的事。

这不是法定义务，任何强迫别人报告非本人罪行的规定都是未经法律授权的规定，其有违法律面前人人平等的宪法规定，以及有可能侵犯了公民的劳动权和受教育权等宪法性权利。

因为这有可能通过暴露父母前科的方式使其本人的受教育权和劳动权受到侵害。

所以"斩草除根"从本质上讲是反法治的。

"斩草除根"的支持者为了自身的安全，不惜剥夺别人法定权利的做法是在践踏依宪治国和依法治国的基本原则。

如果认为"斩草除根"十分合理、十分必要，那也应该按照法治原则和法律程序，通过法律渠道进行。

也就是维护社会安全也应该通过法律程序进行，不能违反宪法和法律。

这种权利和安全之间的重大利益平衡应该由人民代表大会通过立法的方式进行，而不是由个别单位和行业自行其是，已经进行且违反宪法和法律的，应该及时自行废止。

也就是即使限定前科子女权利，也要通过设定法律的方式进行，同时还要设置必要的限制程序和救济程序，而不是自己觉得有道理就给限定了。

但是我不认为这样的法律能通过。

我也不认为任何所谓"斩草除根"支持者有胆量提出这样的立法建议。

他们都只是一些在暗处说狠话的人，根本不敢走到有阳光的地方。

反对刑罚万能论

有一些人认为刑罚能够解决一切问题。只要有问题没有解决,那就是刑罚用得不够彻底。

怎么才算彻底?那就是尽量重判,多捕多诉尽判。

而且有些人感觉这些还不够,还在担心,这些犯罪人出狱以后怎么办?

那就要尽量扩大前科的影响范围,将犯罪人终身排斥在主流社会之外,将他们的影响力控制在最小,让他们卑微地活着,而且还要严加管控。

这还不够,还要让他们永世不得翻身,让他们的子女也必须生活在阴影之中,也就是要用前科"株连"的方式,发挥"斩草除根"的作用。

而且这个"株连"的范围还不断扩大,扩大到所有的主要社会关系人,比如姑姑舅舅;扩大到所有罪行,即使是交通肇事也一样不行,缓刑也一样要受到影响。

刑罚万能论者用刑罚及其附带性影响牢牢地罩住了犯罪人及其家人甚至族人。

用他们的话说,如果能株连九族,那就没有犯罪了。

但是我们知道,在真正实施株连九族的时代,并非没有犯罪,犯罪反而更加猖狂。

前科永久性地为犯罪人融入社会设置障碍并不是好事,而是会把他们逼上绝路。

前科"株连"制度,也使得犯罪人的家人的生活之路越走越窄,家人在心理上更加不容易接受。

因为犯罪的并不是他们,说好的法律面前人人平等呢?

一些小孩可能会问问妈妈：为什么我跟别的小孩不一样？

妈妈说：因为你爸爸犯了罪。

孩子问：但我不是乖孩子吗？老师说，谁犯的错，谁受罚。家长的错，不能让孩子承担责任。老师说错了吗？

妈妈说：老师说得没错，你是一个乖孩子，以后更要做一个乖孩子。

孩子问：那我只要乖，就和别的孩子一样了吗？

妈妈说：那还是不一样。

孩子问：那我做乖孩子还有什么用呢？

妈妈说：……

这就是刑罚万能论的效果，它将抹杀一个人追求进步的意义。

刑罚万能论者以为，通过刑罚会给犯罪人最严厉的教训，让他从此以后再也不敢乱说乱动。

这样犯罪的隐患就消除了。

当一个一个的犯罪人被抓获被处罚之后，就感觉世界太平了。而且还要把犯罪人的家人也给限制住，这样就万无一失了。

但是我们知道，刑罚的功能其实是极其有限的。

因为刑罚的功能不是毁灭和永远区隔。

死刑和无期徒刑只占到极为微小的比例，80%以上的犯罪只是三年以下的轻罪，很多只是一年以下的刑罚以及缓刑。

也就是说，对于大部分犯罪人来说，关不了多久就出来了。

这些人出来以后，还是要工作要生活，要娶妻生子，要与朋友交往，要与他人成为邻居、同事，他们还是要在社会上生存的。他们仍然要活着。

但是前科会让他们四处碰壁。

事实上，即使没有前科，他们也会在社会上遭受白眼。前科则更会像铜墙铁壁一样，把他们限制在很小的框框里，让他们伸展不开。

即使他们很努力，但前科也像终身的牢笼一样困着他们，也像一副无形的镣铐，限制住他们的手脚。

即使他们完全改过自新，甚至做得更好，也还是不能得到公平的待遇和机会。

他们在社会上的挫折和遭遇，会影响他们的价值观和世界观，他们不会认为社会是一个温情脉脉的社会，是一个友善的社会，是一个容错的社会。

他们会将自己的价值观通过自己的社会网络传播，会现身说法地传播。当然这是负面的能量，但这也是他们切身的感受。

也有一些人觉得这是罪有应得，而且也是法律的规定，也无可厚非，谁让你犯了罪。

老老实实做个守法公民不就平安无事了吗？

但是他们的家人也跟着受到牵连：多好的孩子啊，真是可惜了，作孽啊，都怪他那个爹。

但是稍微愿意动动脑筋的亲戚就会想，这跟孩子有什么关系呢，现在不是法治社会吗？

好像也没有听说父母犯了罪，法律要把孩子怎么着吧？

不是罪责自负吗？孩子招谁惹谁了？

这就不仅仅是惋惜了，还是质疑这背后的制度是否有问题。

按照六度分割理论，只要经过六个人就可以联系上任何人。

我们也可以仔细回想一下，我们认识的人或者听说过的人，是不是都有个把犯过罪的？

这就像生老病死一样正常，林子大了什么鸟都有，社会关系扩展到一定程度就可能触及犯罪问题。

只不过我们与这个犯罪人的距离远近有所不同，但似乎都听说过一些这样的情况。

如果这个犯罪人家里确实有一个还挺有出息的孩子，我们是不是也会替他惋惜？

为什么？

因为人作为社会动物，都有一种共情能力，也就是同理心，我们也会将心比心地将自家的孩子跟他家的孩子作比较。

我们感到我们自己家的孩子还不爱学习呢，人家那么爱学习，可是这个孩子以后的生活之路就要艰难了。

如果碰到一些制度上的障碍，我们的心里也觉得不是滋味。

为什么呢？

他的爹犯罪，跟孩子有多大关系呢，制度为什么要这么设计？我们会不理解。这还是只是远距离的忧思。

如果这个犯罪人与自己的关系相对比较亲近，我们可能就不仅仅是忧思了，而是会深深地忧虑会不会影响自己家的孩子。

因为有些规定可是要影响主要社会关系人的，那么这个人跟我们算不算主要社会关系人呢？

这个时候，我们有可能也跟着成为受害者了。

那我们是什么感受？

我们会问：凭什么？！

凭什么要这么乱来！凭什么范围无限扩大？刑罚万能论者自己和家人就不会受到影响吗？谁能保证自己的亲戚完全没事呢？

刑罚万能论的终极效果就是使得人人自危。这就是我反对刑罚万能论的原因。刑罚万能论让法律失去了稳预期的基本功能。

我的未来完全不由自己的努力决定，遭遇到无妄之灾的可能性太大了。

这不仅让犯罪人本人失去完全融入社会的希望，也让犯罪人的家人以及亲戚的希望时时有破灭的风险。

这个风险不是在法律制度之内，而是在法律制度之外，说不太清楚，但又具体地发生在自己的身边，发生在人生的一些关键时刻。

这绝不是法治发展所期望的，这恰恰是法治发展所应该解决的问题。

刑罚并不是一棒子打死

刑罚是对犯罪的否定性评价。

刑罚的特点是有不同的种类和梯度，就像一个标尺，从而满足于对于不同类型、不同严重程度犯罪的不同的否定评价。

刑罚的尺度体现在与犯罪行为严重性的吻合上。这也被称为罪责刑相适应原则。也就是刑罚要尽量与犯罪行为精准地匹配，从而让公众感觉到合适，恰如其分。也就是宽严相济，这说的是刑罚的分寸感。

分寸感是刑罚的内在秩序。分寸感提升了刑罚的公信力，让公众发自内心地感受到"理所当然"。

也就是刑罚应该尽量接近于公众内心的尺度，与常情常理相吻合，要根植于人类社会的伦理基础。

这个伦理基础才是人的内心秩序。

刑罚秩序这个社会产品只有与人的内心秩序相协调，才能体现出其自身的正当性。

正因如此，我们不能动则就对一点轻罪施以重刑，或者将轻微的违法行为也凑数地纳入刑事评价当中，这会让人有一种小题大做的感觉。

与那些大题小做放在一起一比，更加让人感到不平衡、不公平——柿子捡软的捏。

这就不是刑罚，而是挟私报复，是任性的霸凌。

最常见的就是机械执法，这是司法不公的一个新的焦点。

这个还主要是司法领域的问题。此外，还有一个领域涉及立法和制度结构上的深层问题，那就是刑罚负面效应的无止境。

刑罚还有一个最重要的特点，就是它的有限性。它是一种惩罚，但这个惩罚不是无限的、无期的，而是有一定限度的。

不同的刑罚有不同的限度，比如刑期、数额，等等。

即使无期徒刑也不是真的没有期限，经过一段时间也会减为有期徒刑。

刑罚为什么要有一定的期限？这是因为人的寿命是有限的，而且工作、生活的黄金时间更是短暂。如果仅从刑期看，刑罚其实并不会影响那么多人，因为80%以上都是三年以下的刑罚。但由于前科制度的存在，所有这些轻刑都变成了"无期徒刑"。因为前科带来的负面影响是终身的。这种负面影响并不管你是不是已经改造好了。你改造得好与不好，它都要影响你一辈子，好像改造好反而吃亏了。这是因为刑罚的前科终身制，形成一种一棒子打死的效应。这个人只要犯了罪，他这辈子就算完了。一辈子都要背着这个前科活着，一辈子都抬不起头来，有些工作一辈子也干不了。而这些工作单位甚至不问你犯的是什么罪，到底有没有再犯的可能性。

这个前科终身不消灭的制度，是有着一定的社会心理基础的。那就是将犯过错误的人，彻底打入另册，要把他们一棒子打死，要警惕他们东山再起，这也是某些人心中的"除恶务尽"。

他们心中对犯罪人极为排斥，不希望给他们任何的机会。

但是刑罚的本质不是终身的排斥。刑罚的本质是适度的惩罚。刑罚的目的是改造罪犯，不是发泄仇恨。

因为无人完美，每个人都会犯错误，如果我们不能容错，社会就无人可用。

刑罚不是将犯罪人放逐在社会之外，他们只要出狱了就会回归到社会当中：成为我们的邻居，成为给你送快递的人，成为为你提供各种服务和产品的人。

这个社会的正常运转也有他们的一分力量，没了他们也不行。

一方面，短暂的刑期之后他们很快就要融入社会，这是不可阻挡的，无论你是否接受，这都是一个事实；另一方面，很多刑罚只是一个相对的刑期，并没有要求他们经受一辈子的煎熬，因此前科终身不消除所带来的煎熬，完全是额外的惩罚。

而且在轻罪案件中，这种额外惩罚与刑罚本身相比也太不相适应了。

比如有的刑罚只有几个月的刑期，但前科负面效应却是一辈子的，与十年以上犯罪的前科效应是一样的，这也显然是不公平的，甚至完全没有必要。

绝大部分轻罪犯罪人都没有大的社会危险性，我们却如此小心地提防，这显然是在浪费宝贵的社会成本。

更重要的是，作为千百万轻罪前科者的终身梦魇，这些前科效应真的会逼得很多前科者走投无路，甚至生生地把他们推向再犯罪的怀抱。

谁能够完全不歧视、不排斥前科者呢？只有那些前科者彼此，也就是那些狱友，他们完全能够理解对方的感受。而与这些狱友联系多了，与社会联系上了，必然会增加社会的风险。

从这个角度看，前科终身制对犯罪人的限制的后果并不是减少风险，而是制造风险。这并不是刑罚的本意。

刑罚的核心在于尺度，而前科不限性失去了尺度的价值，让所有犯罪人变得都一样。从其负面效应的持续时间看，犯轻罪反而是吃亏了。这不是在鼓励犯罪，让有前科的人破罐子破摔吗？

前科不仅会影响犯罪人本人终身，也会对其家人产生终身性的影响。

这是犯罪人最不愿看见的，最不满的，会让他们一直心绪难平，无法会对社会公正建立信心。

同样，这也会让这些前科子女更加失望，从而滋生不满和怨恨。而这更不是刑罚的目的和功能，刑罚并不惩罚无辜者。前科"株连"制度从本质上来说就是利用刑罚惩罚无辜者。虽然这种惩罚并没有法律依据，只是通过一系列社会制度在发生作用。但是因为社会制度的真实效力，让排斥效应变得毫不含糊。结果，刑罚不仅把犯罪人"一棒子打死"，而且还进一步"打死了"他们的家人。

这种负面效应，实际上是在破坏刑罚否定评价的正当性，让刑罚的效应失去了民众的认可和期望，也脱离了其赖以生存的伦理基础。这让刑罚失去社会共识的根基，成了恐吓的大棒而不是准绳。

刑罚绝不是一棒子打死，往死里打的意思。刑罚应该是公道自在人心的尺度。

刑法应该是善良公民的大宪章。

后　　记

本书是继《认罪认罚50讲》之后，关于理论与实务的交叉性研究成果的第二次尝试。

轻罪治理这个话题，其实理论界已经有了一些研究成果，但学者还是更加关注比较的、理论性的、宏大的内容，更多的是基于统计上的分析和对他人成果的梳理总结，与当下轻罪治理的司法实践仍然保持了一段距离。

近十年间，我先后参与了一些轻罪类罪项目的研究和政策制定工作，尤其是近三四年间，我先后牵头组织了轻罪治理指数指标体系和"超市盗"类案治理工作，形成了一些工作成果，也取得了一些成效。在这个过程中，我也有了一些自己的思考和感受，这些思考和感受来自实践中迫切需要解决的问题。虽然我给出的答案不一定是权威的和系统的，但确实是我自己思考的结果，有些答案甚至没有前路可循的。

有时候，我深深地感觉到，对于有些实践，其实我们已经进入了深水区和无人区。这是因为社会已经发展到了一定的水平，比如在移动支付等应用方面，我们已经处于世界领先的地位，这也导致，我们遇到的基于科学技术水平而产生的一些问题，是人类历史上没有出现过的，这就需要我们创造性地解决这些问题——没有现成的方案供我们照搬。

通过解决这些问题，我们也必然有机会获得独创性的司法成果。虽然这些成果不是很成熟，但也许可以成为后续成熟理论成果的垫脚石，或者珍贵的一线资料，这也是有意义的。即使从目前初步研究成果的汇总来看，理论和实务能够充分结合的领域也是较为稀缺的，因此在一段时间内，我想本书对理论界和实务界同行来说也可能有一些参考价值。

对于这种理论与实务交叉性的研究，我还会坚持下去，未来还会有《刑事检察 50 讲》《司法与算法 50 讲》《刑事政策 50 讲》等陆续问世。我尽力研究一些真问题，尽力真解决一些问题。

本书的创作一如既往地得到了家人和朋友的默默支持，"刘哲说法"的读者也给了我很多的鼓励和反馈，从他们的点滴留言中我也体会着一份沉甸甸的责任。

我还要感谢清华大学出版社刘晶编辑以及其他工作人员的持续付出，他们出版的系列书籍秉持的也是解决真问题、真解决问题的精神，向他们致敬！

2023 年秋于西直门